Gerda Anger-Schmidt

Freund mit Schnauze

LILLA GORILLA

Gerda Anger-Schmidt,
geboren 1943 in Wels. Nach der Matura mehrjähriger Aufenthalt in Kanada, danach Dolmetsch- und Übersetzerstudium in Wien und Graz. Gestaltung und Koordination der kulturellen Veranstaltungen des Amerika Hauses in Wien; seit 1985 als freischaffende Kinderbuchautorin und Übersetzerin aus dem Englischen tätig. Gesellschaftliche Themen sind einer ihrer Schwerpunkte: z.B. Außenseitersituationen, Beziehungen zwischen den Geschlechtern und Generationen oder geplagte Schulkinder. Außerdem hat Gerda Anger-Schmidt eine Vorliebe für Sprachspielereien und Nonsens. In der Lilla Gorilla-Reihe bereits erschienen: „Sattelt die Hühner, wir reiten nach Texas“ (Band 13).

Kontaktadresse für Lesungen:
Gerda Anger-Schmidt
Strozzigasse 17/16
1080 Wien
Tel = Fax 407 85 46

Gerda Anger-Schmidt

Freund mit Schnauze

Illustrationen
von Renate Habinger

LILLA GORILLA
BuchKlubBuch
Band 20

LILLA GORILLA
BuchKlubBuch
Band 20
August 2002

Medieninhaber:
Buchklub
Verlags- und
MedienvertriebsgmbH
Mayerhofgasse 6
1041 Wien

Herausgeber:
Österreichischer
Buchklub der Jugend
Mayerhofgasse 6
1041 Wien

Leitung
der Herausgabe:
Mag. Gerhard
Falschlehner
Mayerhofgasse 6
1041 Wien

Die Verwendung
der Materialien des
Buchklubs der Jugend
im Unterricht wird
laut Erlass des
Bundesministeriums
für Bildung, Wissen-
schaft und Kultur,
GZ 29.540/6-V/2c/2002
empfohlen.

Redaktion:
Mag. Elisabeth
Wildberger

Umschlagillustration
und Illustrationen:
Renate Habinger

Gestaltung und
Satz: Gerri Zotter

Druck: Berger, Horn

ISBN 3-902201-04-5

Inhalt

Als Schnauzer Bodo plötzlich ins Tierheim abgeschoben wird, ist er bitter enttäuscht. Kaum jemand kann ihn aus seinem Winkel hervorlocken. Erst als Ritchie auftaucht und ihn des Öfteren auf einen langen Spaziergang mitnimmt, scheint Bodos Interesse an seiner Umgebung wieder geweckt. Schließlich bekommt er bei dem gutmütigen Professor auch ziemlich schnell ein neues Zuhause. Und dass er auch auf Ritchie nicht ganz verzichten muss, ist einfach zum Jaulen schön!

Wenn du dir zum x-ten Mal die Erklärung deiner Eltern angehört hast, warum du auf keinen Fall einen eigenen Hund haben darfst, mach deinem Ärger bei der ***Rätselrallye*** *auf Seite 126/127 Luft; du kannst dabei tolle Preise gewinnen!*

Zu diesem Lilla Gorilla Band gibt es eine spannende Reise durchs Internet –

die ***LILLA GORILLA CYBER.TOUR*** *–*

mit Rätseln, Spielen und weiterführenden Links.

www.buchklub.at
DAS PORTAL ZUM LESEN

Otto

Abgeschoben! Im Tierheim gelandet! Ich, Bodo von Bellheim, der Schnauzer. Warum hat Otto mir das angetan? Ich verstehe das alles nicht. Ich war doch acht Jahre lang sein Freund, sein Zuhörer, sein Begleiter. Die Brücke zur Welt war ich für ihn. Das hat er selber gesagt. Und jetzt? Was ist jetzt? Zählt das alles nicht mehr? Ist das alles nicht mehr gültig?

Da bin ich nun. Im Zwinger zusammengesperrt mit anderen Hunden, die mich beschnuppern wollen. Die wissen wollen, wer ich bin. Und balgen wollen und raufen. Ich mag aber nicht. Bin unglücklich und will meine Ruhe haben. Will nur um Otto trauern. Und nichts mehr sehen. Nichts mehr hören. Mich nur mehr verkriechen. Ich bin heilfroh, dass die Hundehütte hier leer steht.

Nichts mehr sehen, ist leicht. Da klappe ich nur meine Augendeckel runter. Nichts mehr hören, ist schwierig, denn leider gibt es keine Deckel für Ohren. Das Gekläffe, Gejaule und das Gebell rundherum, das macht mir zu schaffen.

Was soll der Krach? Ich öffne die Augen und sehe, dass Martha sich nähert. Sie ist Pflegerin im Tierheim. Ich hab sie schon kennen gelernt. Auch Sven, den Pfleger. Die beiden sind nett und scheinen Tiere zu mögen. Sie kamen gerade ins Büro, als Otto das Tierheim verließ.

„Schon wieder einer!“, hat Sven gesagt. „Verstehe einer die Menschen!“

Auf dem Tisch lagen meine Papiere. Impfpass und Dokumente. Die Leiterin blätterte kurz darin. „Der Neue heißt Bodo von Bellheim. Ein Schnauzer. Acht Jahre alt.“

„Hätt sich auch etwas Besseres verdient!“, sagte Martha und griff in die Tasche. Sie holte ein paar Hundekekse heraus und hielt sie mir unter die Nase.

Die Kekse waren nicht ganz mein Fall, doch Fressen hilft gegen Kummer. Also ließ ich mich nicht lange bitten.

Dann nahm Martha mich mit hinaus. Wir gingen durch einen langen, elendslangen Gang. An der rechten Flanke das Katzenreich: überdachte, schmale Quartiere mit angebautem Schlafhaus. An der linken Flanke das Hundereich: viele Zwinger, große und kleine, mit einem Gemeinschaftshaus in der Mitte.

Kaum waren wir auf der Bildfläche erschienen, begannen die Hunde zu bellen. Wie auf Kommando und vielstimmig. Sie waren ganz aus dem Häuschen. Das Freudengebell galt Martha. Sie öffnete das Gittertor zu einem der großen Zwinger und schubste mich hinein. Kam selbst hinterher und ließ sich von allen umdrängen und begrüßen. Nur einer stand abseits. Den rief sie zu sich. Er war der Größte.

„Komm her, Simba, komm! Da ist ein Neuer. Den will ich dir anvertrauen.“

Das war vielleicht vor ein paar Stunden.
Und jetzt kommt Martha wieder herein. Die Kollegen sind hellauf begeistert. Begrüßen sie wild oder zärtlich. Und Martha nimmt sich für jeden Zeit. Hat für jeden ein Wort, eine Streicheleinheit. Dann hält sie Ausschau nach mir. Und findet mich in der Hütte.

„Na, Bodo?" Sie krault mich hinter dem Ohr. Und ich? Ich halte ganz still und wünsche, sie wäre Otto.

„Armer Kerl!" Sie streichelt meinen Kopf.

Oh bitte, keine Sprüche und keine tröstlichen Worte! Die wären alle an mir verschwendet, denn mir kann keiner helfen. Ich bin und bleibe untröstlich!

Sie lässt mich in Ruhe. Dafür bin ich ihr dankbar. Ich rolle mich ein und kapsle mich ab. Und denke an Otto und wie es einmal war und wie damals alles begann.

Ich war noch ein Winzling, daheim auf dem Land, auf einem großen Hof, mit Mutter und sieben Geschwistern. Irgendwann zu der Zeit kam Otto daher. Er war lang und dünn und strohblond. Machte Urlaub bei uns. Saß oft auf der Bank und spielte auf seiner Gitarre. Und sah uns gern beim Herumbalgen zu.

Bevor er abreiste, sagte er: „Den da nehme ich mit, den kleinen Schwarzen!" Er zeigte auf mich und nahm mich mit. Von da an blieben wir zusammen.

Ich brauchte ihn und er brauchte mich. Vor allem, wenn ihm ein Mädchen gefiel. Denn Otto war schüchtern, sehr schüchtern. Wenn ihm eine gefiel, dann angelten wir. Ich war der Köder, das Mädchen der Fisch. Wir kreuzten auffällig oft ihren Weg, so lange, bis sie anbiss und sagte „Ach, ist der süß!"

Der Süße war ich.

Und Otto? Er stand nur da und strahlte.

„Gehört der Hund Ihnen?", hieß es dann.

Das war das Stichwort für Otto. Ab da übernahm er.

Die Jahre verflogen im Pfotenumdrehen. Die Mädchen kamen und gingen. Ich aber blieb. War Ottos Hund. Ich, Bodo von Bellheim, der Schnauzer. Ein Partner fürs Leben. So viel war klar. Wir zwei gehörten zusammen. Otto und ich, gut eingespielt. Ich und Otto, ein Team.

Dann trafen wir eines Tages in unserem Stammcafé Marlies. Sie saß mit Freunden am Nebentisch. Und Otto hatte nur Augen für sie. So rückte ich näher. Und saß bald vor ihr und baute für Otto die Brücke: Ich legte meine Pfote auf ihren Fuß.

„Ach schaut, ist der süß!", meinte sie entzückt.

Bald darauf saß Otto an ihrem Tisch und ich lag zwischen den beiden. Als ihre Freunde dann gingen, blieb Marlies bei uns sitzen. So trat sie in unser Leben.

Marlies und Otto wurden ein Paar. Wir zogen bald zusammen. Einmal hier, einmal da, das gabs nun nicht mehr. Ein Jahr darauf kam ein Baby. Otto machte nun nicht mehr Außendienst, sondern blieb im Büro, in der Stadt. Mich ließ er zu Hause, bei Marlies und dem Kind. Ich war zwar kein Wachhund, doch Arbeit gab es genug für einen wie mich. Die vollen Windeln? Ich roch sie sofort und meldete die Bescherung. War der Schnuller nicht da, lieh ich meine Pfote. Schrie das Baby im Bett, jaulte ich leise mit.

Doch Marlies war das alles nicht recht. Sie scheuchte mich weg.

„Böser Hund!", schimpfte sie. „Was fällt dir nur ein?" Ich kam mit ihr nicht zurecht. In allem sah sie eine Gefahr für das Baby, die größte jedoch in mir.

Auch Otto kam nicht mehr mit ihr aus. Die beiden stritten viel. Oft knallte eine Tür. Dann ging Otto weg und kam meist sehr spät zurück. Bald blieb er immer länger aus. Manchmal sogar ein paar Tage. Irgendwann blieb er ganze drei Wochen weg. Ohne ein Lebenszeichen.

Als er wieder kam, gabs natürlich einen Mordskrach. Das Baby schrie wie am Spieß. Mir war das zu viel. Ich kroch unters Bett. Doch plötzlich wurde es still, beängstigend still. Und dann?

„Machen wir uns nichts vor!", sagte Otto hart. „Unsere Ehe ist nicht mehr zu retten."

Er begann zu packen. Und Marlies stand da, mit dem Baby im Arm, und hielt ihn nicht zurück.

So trennten sie sich. Ich blieb bei Otto, das Kind bei Marlies.

Von da an ging ich mit ins Büro. Mein Platz war nun unter dem Schreibtisch. Die Bürodamen verwöhnten mich. Für die Kollegen war ich ein Kumpel. Es ging mir so weit ganz gut. Nur Otto hatte sich sehr verändert. War aufbrausend, unzufrieden.

Dann kam ein neuer Direktor ins Haus. Ein strenger Mann, sagten alle.

„Mein Name ist Gunther von Grüningen", stellte er sich vor. Im Hinausgehen sagte er: „Übrigens, ein Hund hat hier nichts verloren!" Er warf den Satz hin wie einen Knochen. Und Otto stand da wie versteinert.

Wie stellt sich dieser Unmensch das vor? Soll ich mich in Luft auflösen? Ich will doch nur da sein, wo Otto ist. Bin schließlich sein Hund!

„Wenn Bodo gehen muss, gehe ich auch!", knirschte Otto.

„Das hat der Mann doch nicht ernst gemeint!", beruhigten ihn seine Kollegen. „Der spielt doch bloß den starken Mann."

Also ging ich weiterhin mit ins Büro, doch irgendwie war es nun anders.

„Ganz ruhig! Keinen Mucks!", schärfte Otto mir ein, wenn ich unterm Schreibtisch verschwand. Ich sollte unsichtbar, unhörbar sein, ein U-Boot im Büro.

Aber dann kam er doch wieder, der Herr von Grüningen. Das war gestern.

„Ich sehe wohl nicht recht!", regte er sich auf. „Der Hund ist immer noch da?"

Er bat Otto zu einem Gespräch unter vier Augen.

Als Otto zurückkam, war er erbost, stinksauer und niedergeschlagen.

„Bodo soll wirklich weg!“, sagte er zu seinen Kollegen, „doch da spiele ich nicht mit. Nein, wirklich nicht! Und wenn er sich auf den Kopf stellt.“

Nach Büroschluss zog es Otto dann noch in den Blauen Engel, sein Stammlokal seit der Scheidung. Er setzte sich an die Theke und bestellte ein Bier.

Ich saß unterm Barhocker. Hatte Durst. Und auch großen Hunger. Wollte endlich nach Hause gehen. Doch Otto blieb kleben. Trank Bier, später Schnaps und rauchte wie ein Schlot.

Als er dann endlich vom Hocker glitt, hatte er gehörig Schlagseite. Doch ich war ja da. Ich kannte den Weg. Und lotste ihn nach Hause.

Ich bekam gerade noch mein Fressen, bevor Otto auf dem Sofa einschlief, in voller Bekleidung. Ich selbst schlief in seinem Bett.

Heute früh hörte Otto den Wecker nicht. Ich stupste ihn wach. Er sprang auf. Zog sich hastig um. Er hatte einen Mordskater.

Während ich mein Fressen hinunterschlang, telefonierte Otto im Vorzimmer.

Dann suchte er meinen Impfpass heraus. Und auch meine Dokumente. Vielleicht will er die dem Direktor zeigen, schoss es mir durch den Kopf. Mein Stammbaum ist ja nicht ohne. Ein Mann, der Gunther von Grüningen heißt, wird doch wissen, dass Adel verpflichtet.

Punkt acht verließen wir das Haus. Ich sprang ins Auto. Doch Otto fuhr heute nicht ins Büro.

Sofort war ich alarmiert. Schaute über seine Schulter. Da hob er langsam seine Hand, drückte meinen Kopf an seinen. Ich wusste nicht recht: Will er schmeicheln?

„Ich habs mir überlegt“, sagte er. Seine Stimme klang rau. „Wir müssen uns leider trennen. Mir bleibt keine andere Wahl. Du darfst nicht mehr mit in mein Büro. Und ich brauch ganz einfach den Job.“

Da schrie eine Stimme verzweifelt in mir: He, Otto, was soll das? Was redest du da? Erinnerst du dich nicht mehr an gestern? Da hast du ganz andere Töne gespuckt! Da wolltest du noch um mich kämpfen!

Doch Ottos Entscheidung schien unumstößlich. Er fuhr die Straße hinunter zum Fluss. Und hielt vor dem Tierheim und stieg aus.

Ich geriet in Panik. Ich jaulte und bellte.

„Auch wenn du noch so jaulst“, Otto schüttelte den Kopf. „Es muss einfach sein. Mach es mir nicht so schwer!“

Da habe ich begriffen, dass es ihm ernst ist. Er wollte mich wirklich nicht mehr behalten.

Aus dem Tierheim hörte ich vielstimmiges Gekläffe, Gebell und Gejaule. Otto stieß das Tor auf. Zog mich hinter sich her. Ich zitterte am ganzen Körper.

„Ach, Sie haben heute früh angerufen?“, begrüßte ihn die Leiterin.

Otto nickte. Er war sehr verlegen. Überreichte meine Papiere.

„Sehen Sie wirklich keine andere Möglichkeit, als den Hund bei uns abzugeben?“

„Keine“, krächzte Otto und räusperte sich. „Es tut mir Leid! Ich sehe keine.“

Er beugte sich noch einmal zu mir: „Du wirst mir fehlen, mein Alter!“

Dann riss er sich los und ging zur Tür. Und drehte sich nicht mehr um.

Simba

Jetzt lasse ich hier einfach alles laufen. Außer Fressen und Schlafen und Traurigsein gibt es nichts von Bedeutung für mich.

Natürlich warte ich immer noch, dass Otto wieder auftaucht. Dass ich ihm genauso fehle wie er mir. Dass alles ein Irrtum war.

„He, du da, komm raus! Du gehörst jetzt zu uns!“

Vor meiner Hütte steht Simba, ein weißblonder Hirtenhund. Er ist der Boss hier in diesem großen Zwinger.

Ich gehöre keinem, mache ich ihm klar, und will auch keinem gehören!

„Papperlapapp! Du gehörst zu uns. Du bist jetzt unser Bruder. Wir sitzen alle im selben Boot.“

Dieser Simba hat Überzeugungskraft. Ich verlasse die Hundehütte und drehe mit ihm eine

Runde, eine richtige Ehrenrunde. Dann legen wir uns, Fell an Fell, an den Zaun. Und Simba erklärt mir, was hier so läuft und warum die anderen hier sind.

„Da drüben ist Marie, die kleine schwarze Terrierhündin. Sie wurde kürzlich ausgesetzt. An einem Rastplatz auf der Autobahn. Die Besitzer sind einfach weg. Seither will Marie nichts mehr fressen. Sie kommt vor Kummer fast um. Rex 1, 2 und 3 sind so lang hier wie du. Schäferhunde gefallen den Leuten. Alle wollen sie ihren eigenen Rex. Doch kaum wird er ihnen lästig, wird er ruckzuck abgeschoben. Vor Amigo, dem Hinkebein, nimm dich in Acht! Mit dem ist nicht zu spaßen. Der hat einiges hinter sich. Wurde oft getreten. Geprügelt. Und eines Tages hat man ihn halb tot hier eingeliefert. In der Nacht heult er manchmal wie ein Wolf. Du weichst ihm am besten aus."

Hier im Tierheim ist ein Kommen und Gehen. Immer wieder kommen Leute, die eine Katze oder einen Hund suchen.

Auch junge Leute kreuzen hier auf. Die hätten gerne einen Hund, aber die Eltern erlauben es nicht. Also holen sie einen von uns hier ab und führen ihn dann spazieren. Ich war allerdings noch nie unterwegs. Wollte nicht. Hatte Angst, dass ich Otto verpassen könnte. Falls er doch noch kommen sollte.

„Vergiss es!", meint Simba. „Der kommt nicht zurück! Ich weiß, das ist hart. Aber so ist es!"

Er stupst mich leicht. „Kopf hoch, Bruder! Da musst du durch! Doch eines Tages, du wirst schon sehen, da kommt jemand und will dich. Nur dich! Und keinen andern! Und dann, Bellheim, wirst sehen, dann kommen bessere Zeiten.“

Ritchie

Ab und zu kommt hier ein Junge vorbei, in Jeans und Sweater und immer auf einem Skateboard. Er umrundet jedes Mal die Zwinger. Springt dann von seinem Brett. Wenn er an das Gitter kommt, starten die Kollegen ein Freudengebell. Sie kennen ihn schon gut.

Heute setzt sich der Junge auf sein Brett und starrt zu mir herein. Ich halte mich zurück. Er ist schließlich nicht Otto und rausholen kann er mich auch nicht. Doch – für alle Fälle – lasse ich ihn nicht aus den Augen.

Er holt was zum Futtern aus der Tasche und schiebt die Hand durchs Gitter. Amigo glaubt, es ist für ihn, und trabt zum Zaun.

„Amigo, nein, das ist nicht für dich!“, sagt der Junge. „Das ist für den Schnauzer!“

Ich setze mich kerzengerade auf. Ob der mich vielleicht doch herausholt?

„Komm, Schnauzer, komm!“, lockt er mich.

Okay, ich geb auf. Gehe vorsichtig auf ihn zu.

Drei Stück Schokolade gibt er mir. Ein Schnapp! Verspeist sind die Häppchen! Dann schaue ich dem

Jungen ins Gesicht. Er ist blass. Hat graublaue Augen und eine Narbe am Kinn.

„Ich könnte dich morgen abholen", flüstert er mir zu. „Dann gehen wir hinunter zum Fluss. Nur du und ich. Wir beide."

Er lässt mich noch einmal an seiner Hand schnuppern. Sie riecht nach Brot, Erde und Nüssen und nach meiner Schokolade.

„Also dann, bis morgen!" Er springt auf sein Brett und verrollt sich.

„Der Junge heißt Ritchie", klärt Simba mich auf. „Der ist so weit ganz in Ordnung. Mit Hunden kommt er gut zurecht. Mit den Menschen nicht ganz so gut."

Martha bringt neue Hunde herein. Zwei Boxer. Zahlende Gäste. Sie sollen drei Wochen hier bleiben. Pensionsgäste sozusagen. Ihr Frauchen ist weggeflogen. Die zwei heißen Rosi und Resi und werden neben uns einquartiert, in einem eigenen Zwinger. Da sitzen sie nun, die zwei Dickerchen, und schauen zu uns herüber. Jaulen, winseln und sabbern.

Irgendwann kommt Sven. „Macht doch nicht so ein Theater!", ruft er und versucht einen Trick. Er öffnet das Verbindungstor zu unserem großen Zwinger.

„Na, ihr zwei Süßen!", flötet Amigo. „Kommt doch herüber!"

Die beiden zieren sich zuerst noch ein bisschen, aber schließlich kommen sie doch. Ein erster scheuer Schnupperkontakt. Sie beruhigen sich.

Aber sie sabbern weiter still vor sich hin, während Rex 1 und 2 sie umwerben.

Ritchie kommt, wie versprochen. Und jetzt gehts runter zum Fluss!

„Kommt nicht zu spät zurück!", ruft Martha uns noch nach.

„Okey-dokey!", schreit Ritchie. Er rollt auf seinem Brett. Ich laufe neben ihm her. Das macht Spaß! Bin schon seit einer Ewigkeit nicht mehr so schnell gelaufen.

Am Flussufer ist ein großer Stein, mit einer Mulde in der Mitte.

„Das ist mein Thron!" Ritchie setzt sich drauf. „Und jetzt kriegst du ganz was Feines."

Er holt ein flaches Schälchen heraus, verpackt in Alu-Folie. Ich stürze mich drauf. Es ist ein Schlemmermenü. Ein Leckerbissen der besonderen Art. Eine wahre Gaumenfreude!

„Das schmeckt dir, was?" Ritchie grinst. „Wirst du nun öfter bekommen."

Das ist ein Wort! Das lobe ich mir. Ich bin sicher, er hält sein Versprechen. Ich spüre schon hundehaargenau: Das ist der Beginn einer wunderbaren Freundschaft.

Ritchie kommt meist am Nachmittag. So gegen vier. Ein- bis zweimal die Woche. Ich höre schon von weitem, wenn er angerollt kommt. Als Auftakt gibt es einen Knabberkeks. Und gleich darauf zischen wir ab. Er hat immer einen Ball eingesteckt, einen alten Tennisball. Dieser Ball ist mein liebstes Spielzeug geworden. Unermüdlich jage ich ihm nach. Habe ihn auch schon ganz weich gebissen und rundherum angesabbert.

Heute sind wir wieder unten am Fluss. Ritchie gibt mir mein Schlemmerchen. Mir fällt auf, dass er irgendwie anders ist. Da stimmt was nicht.

„Gestern habe ich meine Pflegeeltern bekniet“, sagt er dann unvermittelt. „Ich würde dich so gern rausholen von hier, raus aus dem Tierheim.“

Aha, also daher weht der Wind!

„Aber sie wollen nichts davon wissen. Sie glauben, du bist ein Problemhund! Uns reichen schon die Probleme mit dir, haben sie zu mir gesagt.“

Er hebt einen Stein auf und schleudert ihn mit voller Kraft übers Wasser. „Die kapieren nichts! Überhaupt nichts! Ich bin so wütend auf sie.“

Dann setzt er sich auf seinen Thron. Schaut finster vor sich hin. Ich lege den Kopf auf sein Knie und suche seinen Blick. Auge in Auge verharren wir lange Zeit. Ich sehe seinen Zorn, seinen Kummer.

„Alle wollen immer, dass ich funktioniere. Keinen Ärger machen und schön brav sein. Aber verstehen tut mich keiner!“

Wieder schleudert er einen Stein über den Fluss. Noch einen und noch einen. Doch plötzlich hält er inne.

„Eines Tages – das weiß ich“, sagt er dann, „da werde ich reich sein. Dann kaufe ich mir ein großes Haus mit riesigem Garten. Und nehme euch Heimhunde alle zu mir. Meinetwegen auch Sven und Martha. Aber keine anderen Menschen. Für die wäre der Zutritt verboten!“

Abschied

Gegen neun Uhr kommt ein Mann ins Tierheim. Ein Mann mittleren Alters. Mantel und Aktentasche. Die Leiterin geht mit ihm von Zwinger zu Zwinger.

„Ich suche einen passenden Hund für meinen Vater“, sagt der Mann. „Damit er mehr Bewegung macht, wieder öfter das Haus verlässt. Ein Hund könnte eine Hilfe sein. So eine Art Brücke zur Welt.“

Ich spitze die Ohren. Brücke zur Welt? Dafür bin doch ich zuständig! Ich trabe hinüber zum Gitterzaun und belle dreimal kurz. Bingo bongo, signore!

Dann lege ich den Kopf schief und schaue den Mann durch meinen Brauenvorhang an. Schiebe die Pfote durchs Maschengitter und jaule.

„Ein Schnauzer?“ Der Mann ist überrascht. „Das ist eine gute Idee! Mein Vater hatte als Kind einen Schnauzer namens Oskar.“

„Dieser Schnauzer heißt Bodo!“, sagt die Heimleiterin und öffnet das große Tor.

Ich glaube, jetzt komm ich hier raus!

Der Mann mustert mich von Kopf bis Fuß. Geht einmal um mich herum.

„Ja, den nehme ich!“, sagt er dann. „Der wird meinem Vater gefallen.“

Die anderen Hunde bellen mir nach.

„Machs gut!“

„Du hast ein Glück!“

„Tschüs, Bodo!“

„Halt die Ohren steif!“

„Adios!“

Ich bleibe kurz stehen. Schau mich noch einmal um. Hasta la vista, Kollegen!

Am Ende des Zaunes wartet Simba auf mich. Der Abschied von ihm fällt mir schwer.

„Leb wohl, Bruder Schnauz! Grüß die Freiheit von mir! Vielleicht sehen wir uns einmal wieder.“

Simba, mein Freund! Mein Boss! Dich werde ich nie vergessen!

Vor dem Eingang steht ein Wagen, dunkelblau und sehr elegant. Ein Luxushobel, hätte Ritchie gesagt.

Ritchie wird enttäuscht sein, wenn ich nicht mehr hier bin. Aber er wird mir die Freiheit gönnen. Und wie ich ihn kenne, wird er ganz schnell meine neue Adresse erfragen und mich dann dort besuchen.

„Wo is'n der Schnauzer?"

Das letzte Wegstück zum Tierheim ist abschüssig und hat eine eingebaute Schwelle, damit ja keiner zu schnell vorfährt. Ich benütze die Schwelle als Schanze. Gehe kurz davor in die Knie, ziehe das Skateboard mit den Füßen hoch und gewinne sogar noch an Tempo. Kurz vor dem Querbalken ducke ich mich und rolle direttissima auf das Gelände. Der Schwung reicht, um bis zum ersten Zwinger zu kommen.

Ein paar der Hunde fangen schon zu bellen an, wenn ich über die Schanze springe. Besonders Amigo, der Heuler.

Mein Skateboard stößt leicht an den Zaun. Ich springe vom Brett. Amigo bellt immer noch und humpelt an den Zaun. Steckt erst die Schnauze, dann die gesunde Pfote durch den Maschendraht. Er scheint sehr aufgeregt. Auch die drei Mischlinge stürmen heran. Sie sind erst eine knappe Woche hier. Völlig abgemagert. Nur Haut und Knochen. Aber Martha und Sven werden sie wieder aufpäppeln.

Nun kommt auch Simba. Sehr bedächtig, sehr gemächlich. Schaut mich an, als wolle er mir was sagen. Hallo, Kumpel!, vielleicht. Auf jeden Fall etwas Freundliches. Da bin ich mir ganz sicher.

Der Einzige, den ich nirgends sehen kann, ist Bodo.

„Wo is'n der Schnauzer?", frage ich Simba und frage ich mich. Ich spähe in die Hundehütte im Zwinger. Ob Bodo da drin liegt? Ich kann nichts erkennen. Vielleicht ist er in den anderen Zwinger übersiedelt? Kann ich mir aber nicht vorstellen. Dort sind doch nur die Welpen mit ihrer Mutter untergebracht.

„Bodo!" Ich brülle seinen Namen übers Gelände.

Stille. Kein Antwortgebell. Schon komisch!

Ich versuchs noch einmal. „Bodo?"

Wieder nichts! Ob ihn Martha oder Sven mit ins Haus genommen haben?

Ich nehme mein Skateboard unter den Arm, bin mit ein paar Schritten beim Haus und reiße die Bürotür auf.

„Wo is'n der Schnauzer?"

Martha telefoniert gerade. Sie deutet auf den leeren Stuhl neben ihrem Schreibtisch.

Okay, setz ich mich halt! Ich schaue beim Fenster hinaus. Suche noch einmal den Zwinger ab. Bodo ist nirgends zu sehen.

Martha redet und redet. Mann, das nervt! Endlich legt sie auf.

„Wo is'n der Schnauzer?", frage ich noch einmal.

„Bodo? Ja, stell dir vor, der hatte heute einen Glückstag!", sagt sie. „Das muss ich dir erzählen!"

Doch bevor sie noch Luft holen kann, steckt Sven den Kopf zur Tür herein. „Kannst du kurz rauskommen, Martha?"

Martha erhebt sich. „Warte hier! Ich bin gleich wieder da!"

Ein Glückstag für Bodo? Was soll das Geschwafel? Hat er doch auch mit mir gehabt. Und nicht nur einen! Plötzlich gibt es mir einen Stich. Ob sein Besitzer am Ende wieder auf getaucht ist?

„Hat ihn sein Herrchen wieder geholt?“, rufe ich Martha nach. Doch sie ist schon bei der Tür draußen.

Wenn ihn sein Besitzer wirklich geholt hat, dann ... ja, dann ... kann ich gar nichts tun. Dann muss ich mich damit abfinden. Dann ist Bodo sicher froh, dass er wieder zu Hause ist.

Obwohl, ganz ehrlich, ich versteh das nicht. Warum schiebt ihn der Mann erst ab und holt ihn dann wieder zu sich. Der weiß auch nicht, was er will. Und wer weiß, wie oft er das noch durchzieht! Abschieben, abholen, abschieben, abholen. Irgendwann weiß Bodo dann nicht mehr, wo er hingehört. Aber das überlegt sich der Typ erst gar nicht. Spielt sich als großer Gönner auf, wenn er ihn abholt. Und wenn er ihn wieder abliefert, heißt es nur: „Sorry, Bodo!“ Wie sich der Hund dabei fühlt, ist dem doch schnurzegal.

Ich muss plötzlich an Papa denken. Der hat mich auch abgeschoben. Damals, als Mama starb. „Hab mich einfach nicht hinausgesehen“, hat er mir später gestanden. Also bin ich ins Heim gekommen. Aber da hab ich es nicht ausgehalten. Bin immer wieder ausgerissen. Bis mich Oma für einen Sommer lang zu sich nahm. Danach war ich wieder bei Papa. Da hatte er schon seine neue Lebensgefährtin. Und die konnte mich nicht leiden. Richtig hinausgebissen hat sie mich! Also musste ich wieder weg. Diesmal zu Pflegeeltern. „Vorübergehend!“, hat Papa mich damals vertröstet. Von wegen! Das ist jetzt auch schon wieder drei Jahre her und ich bin immer noch bei ihnen. Papa redet zwar bei seinen Besuchen immer wieder davon, dass er sich von der Tussi trennen will und wir dann wieder zusammen wohnen werden. Er und ich. Aber er schiebt es immer auf. Will vorher noch eine größere Wohnung suchen. Und dafür braucht er mehr Kohle, sagt er. Und mehr Kohle verdient er nur bei einem Bautrupp. Jeden Tag zehn Stunden Arbeit und die ganze Woche keinen Tag frei. Eine Weile kann man das schon aushalten, sagt er, wenn die Kassa stimmt.

Ich kapier das alles nicht. Wozu eine größere Wohnung? Ist doch gemütlich in seiner alten! Noch dazu, wenn seine komische Freundin bald verduftet. Und wozu mehr Kohle verdienen, wenn keine Zeit zum Leben bleibt?

Wut und Schmerz

Plötzlich steht Martha wieder im Zimmer. Ich fahre aus meinen Gedanken hoch. „Ist Bodo von seinem Herrchen abgeholt werden?“

Martha kramt auf ihrem Schreibtisch herum. „Wenn ich nur wüsste, wo ich den Brief hingelegt habe“, murmelt sie.

Hört die mir gar nicht zu? Bin ich Luft für sie

oder was? Wenn ich etwas nicht ausstehen kann, dann das.

„Du wolltest mir von Bodos Glückstag erzählen!“, erinnere ich sie.

Sie lässt sich auf ihren Sessel fallen und hört zu kramen auf. „Ja, stell dir vor, Ritchie, heute Vormittag ist Bodo abgeholt worden“, sagt sie.

„Von seinem früheren Besitzer?“ Meine Stimme kommt mir plötzlich ganz fremd vor. Dünn und mickrig.

„Wie kommst du denn darauf“, sagt Martha und blickt mich verwundert an. „Nein! Bodo hat ab heute ein neues Zuhause. Dort wird er es sicher gut haben.“

Ein neues Zuhause? Hab ich richtig gehört? Heißt das, er ist von wildfremden Leuten abgeholt worden? Ich bin wie vor den Kopf gestoßen.

„Ich nehme an, du freust dich für Bodo!“, sagt Martha und fängt wieder an zu kramen.

„Freuen?“ Ich springe auf, als wäre das mein Stichwort. „Wie kannst du nur so etwas zulassen?! Du kannst doch nicht irgendwelchen Leuten meinen Schnauzer geben?“

„Aber Ritchie! Wir sind doch dazu da, dass wir unsere Tiere vermitteln“, sagt Martha. „Und heute hat sich jemand für Bodo entschieden.“

Da zucke ich völlig aus. „Loswerden wolltest du ihn! Gibs doch zu!“ Am liebsten würde ich alles krumm und klein schlagen. Vor lauter Wut. Vor lauter Schmerz.

„Was redest du denn da? Du weißt genau, dass

wir uns die Leute sehr genau anschauen, die unsere Tiere nehmen und ich glaube, dein Bodo hat es gut getroffen."

Ich lasse mich auf den Stuhl fallen. Fühle mich leer und mutlos.

„Und zu wem ist er gekommen?", frage ich leise.

„Zu einem älteren Herrn."

Ich stelle mir seinen neuen Besitzer vor: steinalt, schwerhörig und zittrig. „Das ist doch nichts für Bodo. Der braucht viel Auslauf und muss mit jemandem herumtollen können."

„Wichtig ist, dass er ein neues Zuhause hat und dass jemand da ist, bei dem er es gut hat", sagt Martha bestimmt. „Das willst du doch sicher auch."

„Ja, schon! – Aber ... ich hätte ihn halt so gern selber genommen." Was soll ich machen, wenn die anderen nicht mitspielen? Die Pflegeeltern auf stur schalten und Papa mich immer nur auf die größere Wohnung vertröstet?

Ich hole Bodos Tennisball aus der Tasche und halte ihn Martha unter die Nase. „Das ist sein Lieblingsball. Den braucht er. Gibst du mir die Adresse von seinem neuen Besitzer?"

Martha schüttelt den Kopf. „Tut mir Leid, Ritchie! Das darf ich nicht."

„Und warum nicht? Glaubst du, der feine Herr will nichts mit mir zu tun haben?"

„Ach, darum gehts doch nicht! Es ist einfach gegen die Vorschrift", sagt Martha.

„Pfeif auf die Vorschrift!", beschwöre ich sie. „Du könntest ihn doch anrufen und ihm sagen, dass ich

Bodos Freund bin und ihm den Ball bringen möchte. Das wird er doch verstehen."

Martha seufzt.

Ich lehne mich vor und nehme ihre Hand. „Bitte, Martha, bitte!"

„Ich werde sehen, was sich machen lässt", sagt sie und lächelt.

„Danke!" Ich springe auf. „Darf ich noch eine Stunde mit Amigo runter zum Fluss?"

Sie ist einverstanden. Ich stecke Bodos Ball wieder ein, schnappe mein Skateboard und gehe mit ihr hinaus zum Zwinger.

Begegnung am Fluss

Amigo dreht völlig durch, wenn er raus darf. Martha schärft mir ein, ihn ja nicht von der Leine zu lassen und ihm den Beißkorb nicht abzunehmen.

Versprochen, Martha! Okey-dokey!

Amigo verträgt nicht so viel Freiheit wie Bodo. Also halt ich die Leine kurz. Amigo reißt mich schon am Tierheimgelände ein paar Mal vom Skateboard herunter, weil er mir entweder raufspringen oder sich auf der Stelle am Boden wälzen will. Auf dem schmalen Weg zum Fluss bleibt er immer wieder ruckartig stehen und versucht, sich den Beißkorb mit der Pfote wegzudrücken. Klar, dass ich bei diesem Stop-and-go-Spielchen jedes Mal vom Board runter muss.

„Nein, Amigo! Der Beißkorb bleibt oben!" Doch er gibt nicht auf. Also gebe ich auf, nehme das Brett unter den Arm und will ihn seine Launen ausleben lassen. Doch was macht der Wahnsinnige? Kaum merkt er, dass ich nicht mehr neben ihm her rolle, geht er ganz manierlich bei Fuß. Er hält sich so dicht neben mir, dass ich bei jedem Schritt seine Flanke spüre.

Ich gehe mit ihm das Ufer entlang. Bis zu meinem Thron. Er kennt den Weg. Ich war ja früher schon mit ihm hier. Wenn auch nicht so oft wie mit Bodo. Gut, dass ich heute kein Schlemmerchen eingesteckt habe. So komme ich gar nicht erst in Versuchung, ihm den Beißkorb abzunehmen.

Ich werfe ein paar Steine übers Wasser und denke an Bodo. Ob er mich vermisst, so wie ich ihn? Ob er es wirklich gut hat bei dem alten Herrn? Ob ich da einfach hingehen und sagen kann: „Hallo, ich bin ein Freund von Bodo. Darf ich ihn öfter besuchen und mit ihm abzwitschern?" Vielleicht ist der Mann schwerhörig und ich muss jeden Satz lautstark wiederholen? Ach, was solls! Wenn mir Martha seine Adresse gibt, werde ich hingehen und dann schon sehen.

Und wenn Martha mir nichts sagt? Was soll ich dann machen? Dann ... dann werde ich Detektiv spielen müssen. Blöd, dass ich kein Foto von Bodo habe. Aber ich werd schon irgendwo ein Bild von einem Schnauzer auftreiben. Das halte ich dann den Leuten unter die Nase und frage mich solange durch, bis ich jemanden finde, der sagt: „Ja, so ein

Hund wohnt im Nebenhaus.“ Da würde ich sofort dem Hinweis nachgehen und mit etwas Glück hätte ich meinen Bodo aufgestöbert.

Amigo reißt plötzlich an der Leine und mich aus meinem Tagtraum. Er bellt wie irr, so als wären wir schon von Feinden umzingelt.

Erst jetzt sehe ich, was ihn so aufregt. Ein Mädchen und ein kleiner Hund kommen die Böschung herunter.

Ich tätschle Amigo die Flanke, um ihn zu beruhigen. Die beiden sind keine fünf Meter von uns entfernt. Amigo bellt weiter, als müsse er die unliebsamen Eindringlinge aus seinem Revier vertreiben.

Das Mädchen wirft ein oranges Frisbee in die Luft. Der kleine Hund rennt los, springt hoch und fängt es geschickt ab. Die beiden scheinen ihren Spaß zu haben. Laufen das Ufer entlang, erst von uns weg, dann wieder in unsere Richtung.

Ich schaue ihnen eine Weile zu. Das Mädchen könnte so alt sein wie ich. Dünn und schlaksig ist sie, mit schulterlangen Haaren. Dunkelblond. Federleicht wirken die beiden, wenn sie so dahin laufen. Und dass sie zusammengehören, das sieht man zehn Meter gegen den Wind.

Das Frisbee segelt direkt auf mich zu. Amigo hat sich aufs Knurren verlegt. Spielt sich als Killerhund auf.

„Ist ja gut, Amigo! Die tun uns nichts!“, beruhige ich ihn und fange das Frisbee mit einer Hand ab.

„Beißt dein Hund?“, fragt das Mädchen aus sicherer Entfernung.

„Ja, aber nur bei Vollmond“, rufe ich ihr zu. „Und deiner?“

„Nur im Tiefschlaf!“, sagt sie lachend.

Auf den Mund gefallen ist sie nicht! So viel steht fest. Und ein Lachen hat sie, puhh, da kann einem schon kurzzeitig die Luft wegbleiben.

Ich lasse das Frisbee zu ihr segeln und sie fängt es. Überlässt es dann aber ihrem Hund, der sofort danach schnappt.

Ihr Hund kommt zögernd näher. Auch Amigo zeigt sich jetzt interessiert und fängt zu jaulen an.

„Eine tolle Promenadenmischung, dein Hund“, sage ich. „Wie heißt er denn?“

„Sowidu.“

„So wie ich?“ Ich schaue sie verwundert an. „Ritchie?“

„Nein“, sagt sie. „Er heißt Sowidu.“

Irgendwie steh ich auf der Leitung. Es braucht eine Weile, bis ich kapiere. Toller Effekt! Aber echt! Muss ich mir merken.

Sie fragt mich über Amigo aus. Ich erzähle ihr, was ich weiß und was ich nicht weiß, erfinde ich dazu. Weil sie Angst vor Rottweilern hat, hält sie noch einen Respektabstand ein.

„Ich hab dich früher einmal mit einem Schnauzer gesehen“, sagt sie plötzlich. „Hast du den nicht mehr?“

„Nein ... den haben sie heute Vormittag entführt.“

„Echt?“

Ich merke, dass mein Gesicht rot anläuft und

versuche, sie davon abzulenken. „Das ist alles, was mir von ihm geblieben ist." Ich ziehe Bodos Ball aus der Tasche.

„Das ist ja schlimm!", sagt sie. „Und was wirst du jetzt machen?"

Ich genieße ihr Mitleid. Möchte die Story aber wieder an das wirkliche Geschehen andocken lassen. Weiß jedoch nicht wie.

„Ich habe einen Detektiv angesetzt", höre ich mich sagen. „Der wird den Fall lösen."

„Detektiv ist gut!", sagt sie. Und lächelt dabei, als hätte sie alles längst durchschaut. Dann blickt sie auf die Uhr und hat es plötzlich eilig. „Ich muss los. Ich habe versprochen, um fünf zu Hause zu sein." Sie nimmt Sowidu am Halsband und zieht ihn mit sich fort. „Wenn ich deinen Schnauzer irgendwo sehen sollte ... wo kann ich dich erreichen?"

„Im WÜRFEL. Dort hänge ich oft herum. Kennst du den Treff?"

„Ja, kenne ich", sagt sie. „Hunde dürfen da aber nicht hinein."

„Ich weiß. Ist ein Fehler. Also dann, bis bald hoffentlich!"

„Bis bald ... vielleicht", sagt sie. „Tschüs."

Schlechte Nachricht

Für mich wird es auch langsam Zeit. Ich bringe Amigo ins Tierheim zurück und mache mich auf den Heimweg.

Sowidu! Auf so einen Namen muss man erst einmal kommen! Ich denke an das Gespräch mit dem Mädchen. Warum habe ich nicht einfach gesagt, was Sache ist? Warum musste ich Blödmann von Entführung und Detektiv faseln? Ob es stimmt, dass ich mich nur wichtig machen will, wie meine Klassenkameraden immer sagen?

Nicht einmal um ihren Namen hab ich das Mädchen gefragt! Ich Idiot!

Vor unserem Haus krame ich nach dem Haustorschlüssel. Finde ihn wieder einmal nicht. Läute also an der Sprechanlage. Erster Knopf von oben. FIRLINGER. Herwig und Ingrid Firlinger.

„Ja?"

„Ich bins, Ritchie."

Langer Summerton. Ich öffne die Tür. Die Liftkabine wartet bereits im Erdgeschoß. So ein Wunder! Ich ziehe die Tür auf und schlüpfe hinein. Dreier-Knopf gedrückt. Na, was ist? Ich drücke noch ein paar Mal. Die Kabine rührt sich nicht vom Fleck. So ein Mist! Funktioniert schon wieder nicht! Wieder drei Stockwerke hinauflatschen.

Zu den Kritzeleien und Zeichnungen an den Kabinenwänden ist eine neue dazugekommen.

VATERMUTERKIND IST DOF! Ich stemme die Kabinentür auf und mache mich an den Aufstieg.

Meine Pflegeeltern hätten gern, dass ich sie Papa und Mama nenne. Aber das kann ich nicht. Papa sage ich ja zu meinem leiblichen Vater. Und Mama bleibt immer für meine echte Mutter reserviert.

Tante Ingrid steht in der offenen Tür. Sieht aus, als hätte sie geweint. „Dass du auch noch nach Hause findest!" Die übliche Begrüßung. Ihre Stimme klingt müde.

„Was ist denn passiert?" Ich schiebe das Skateboard unter die Schuhablage.

„Ach, Herwig geht es wieder schlechter", sagt sie leise. Ihre Hände zittern, als sie sich eine Haarsträhne aus der Stirn streicht. „Ich mach mir solche Sorgen." Sie setzt sich auf die Vorzimmerbank und vergräbt das Gesicht in den Händen.

Ich setze mich zu ihr und lege ihr den Arm um die Schultern. „Was meinst du mit schlechter?", frage ich vorsichtig und denke an seine Krankengeschichte.

Vor zwei Jahren Nierenversagen, dann Dialyse und vor einem Jahr Nierentransplantation. „Aber er hat doch gesagt, dass er sich seit der Operation wie neugeboren fühlt."

„War ja auch so!" Sie lehnt sich erschöpft zurück. „Aber in letzter Zeit hat er wieder diese Fieberschübe und ist ständig müde."

Das auch noch. Heißt das, dass sein Körper die neue Niere abstößt? Dass alles wieder von vorne beginnt?

„Muss er wieder an die Dialyse?“

„Das wird sich in ein paar Tagen entscheiden“, sagt sie. „Dabei hat er so gehofft, dass er wieder ganztags arbeiten kann.“

Kann nicht einmal etwas gut gehen? Muss immer etwas passieren?

Da brauche ich ihr erst gar nicht mit meinem Problem zu kommen. Obwoh: Mir fehlt noch die Unterschrift für die verhaute Matheschularbeit. Morgen müssen wir die Hefte abgeben.

Hätte ich doch gestern gebeichtet. Aber da war dicke Luft, weil ich Geld genommen hatte. Aus der Dose mit dem Wirtschaftsgeld. Zehn Euro für eine Theateraufführung. Ich hatte echt keine andere Wahl! Jedes Mal, wenn ich gefragt habe, hieß es: „Du weißt genau, dass wir zurzeit jeden Euro umdrehen müssen.“ Klar weiß ich das! Ich bin ja nicht blöd. Wenn Onkel Herwig nur halbtags arbeitet, ist es eben knapp. Ich wollte ohnehin schon mit unserem Klassenvorstand reden. Unter vier Augen.

Aber dann: „Na, Ritchie? Das Theatergeld schon wieder vergessen?“ Unser Klassenvorstand schüttelte den Kopf. „Ich möchte nur wissen, was in deinem Kopf vorgeht?!“ Mittlerweile hatten sich ein paar aus meiner Klasse zu uns gesellt.

Naja, und da hab ich mich dann nicht mehr getraut, mit der Wahrheit rauszurücken. „Tschuldigung, ich bring es am Nachmittag. Zum Turnunterricht. Ganz sicher.“

Was bin ich nur für eine feige Nuss!

Und vorgestern, da hatten wir Krach, weil ich

zum x-ten Mal von Bodo angefangen hab. Dass er so leidet im Tierheim und wir ihn doch nehmen könnten. Und dass ich mich auch ganz allein um ihn kümmern würde.

Da ging Onkel Herwig in die Luft. „Wie du dir das vorstellst!“, hat er geschrien. „So ein Tier kostet doch!“ Ich dachte schon, er zischt mir eine, in seiner Wut.

„Du hast eben kein Herz für Hunde!“, ätzte ich. „Du denkst nur an dich!“ Und stand vom Tisch auf.

„Bitte, reg dich nicht auf, Herwig!“, sagte Tante Ingrid besorgt. „Du weißt, was der Arzt gesagt hat.“ Und sie warf mir einen Blick zu. So einen Bitte-keine-Aufregung-für-Herwig-Blick.

Und jetzt gehts ihm wieder schlechter und ich fühle mich schuldig. Muss ich eben morgen die Schule schwänzen. Ohne Unterschrift brauche ich gar nicht erst anzutanzen.

„Wo ist er denn jetzt?“ Wir sitzen noch immer nebeneinander im Vorzimmer. Mir knurrt schon der Magen.

„Im Wohnzimmer.“ Tante Ingrid erhebt sich. „Komm!“ Sie streicht mir übers Haar. „Und Ritchie, bitte, sei nett zu ihm!“

„Klar doch!“ Ich ziehe die Sportschuhe aus und nehme mir vor, ganz lieb zu sein. So richtig handzahm.

Zwei Notlügen und ein Tagtraum

Onkel Herwig liegt auf dem Sofa. In Pyjama und Schlafrock. Er hat die Augen geschlossen. Im Fernsehen läuft ein Dokumentarfilm.

Kaum lasse ich mich in den Lehnstuhl fallen, schlägt er die Augen auf. „Na, Ritchie? Was gibts Neues in der Welt?“ Er richtet sich auf.

„Bleib doch liegen, wenns dir gut tut!“ Ich merke, wie ich Tante Ingrids Worte nachplappere.

„Wie gehts in der Schule?“, fragt er.

Am liebsten würde ich die Wahrheit sagen: „Beschissen! Durch und durch beschissen!“ Aber das geht nicht. Er muss geschont werden.

„Alles unter Kontrolle!“, sage ich leichthin. Im Fernsehen erzählt ein Mann gerade, dass er schon fünf Monate mit seinem Hund unterwegs ist. Quer durch Europa. Zu Fuß. Er braucht fast kein Geld, weil die meisten Leute sehr gastfreundlich sind. Besonders im Süden.

„Und die Mathe-Schularbeit?“, bohrt Onkel Herwig weiter.

„Was?“

Er wiederholt seine Frage.

„Noch nicht zurückgekriegt!“

„Und – sonst?“ Onkel Herwig hat sich wieder hingelegt.

„Soll ich den Fernseher abschalten?“ Ich versuche das Thema zu wechseln.

„Nein, lass nur! Erzähl mir lieber von deinem Tag!" Onkel Herwig schließt die Augen. Ich glaube, er möchte einfach nur berieselt werden.

Was soll ich erzählen? Was ihn interessiert, interessiert mich nicht. Und umgekehrt. Dann fällt mir doch etwas ein. „Ich hab einen Hund getroffen, der heißt Sowidu."

„So wie ich? Herwig?"

Ich muss lachen, weil er genauso reagiert wie ich.

„Nein, er heißt Sowidu."

Onkel Herwig gehts so wie mir. Als er endlich die Pointe kapiert, ist er leicht verärgert. „Du mit deinen Hunden!" Und damit ist das Thema für ihn vom Tisch.

Wir schauen uns eine Weile schweigend den Film an. Wundert mich eigentlich, dass er auf keinen anderen Kanal schaltet.

Tante Ingrid ruft uns zum Essen in die Küche.

„Kannst du mir meine Portion herüberbringen?", bittet Onkel Herwig.

„Mach ich!" Ich hole auch meine Portion, weil ich den Film weitersehen will. Also gesellt sich auch Tante Ingrid zu uns.

Die beiden unterhalten sich während des Essens. Onkel Herwig hat wenig Appetit. Dabei gibt es Marmeladepalatschinken, genau wie er es sich gewünscht hat. Er lässt die Hälfte stehen. Ich esse erst meinen, dann auch seinen Teller leer. Wenn es nach mir ginge, könnte es täglich Mehlspeisen geben.

Nach dem Essen steht Onkel Herwig auf und hilft Tante Ingrid beim Abräumen. Vielleicht auch beim Abwasch! Wäre eigentlich meine Arbeit! Aber ich kann mich nicht von dem Film losreißen.

Der Mann und sein Hund wandern durch unwegsames Gelände und kommen an einen Fluss. Der Mann setzt sich auf einen großen Stein und holt einen Imbiss aus dem Rucksack. Etwas für sich und etwas für den Hund.

Während ich zusehe, spult sich in meinem Kopf ein Tagtraum ab, wie ein Film. Hauptdarsteller: *Bodo und ich. Wir bleiben noch eine Weile am Fluss bevor wir weiterwandern. Gegen Abend kommen wir in ein Dorf, wo ein Fest im Gang ist. Die Leute essen und trinken und laden uns ein. Ich verstehe zwar ihre Sprache nicht, aber sie nehmen uns freundlich auf und ich fühle mich wohl. Bodo ist müde von der Wanderung. Er liegt unter meinem Stuhl, den Kopf auf meinen Füßen. Ich spüre, wie mir langsam ein Fuß einschläft.*

Ich schließe die Augen und träume meinen Film ohne Bildschirm weiter. Was wir alles erleben! Ein Gewitter auf freiem Feld. Eine Floßfahrt auf einem Wildbach. Und dann endlich das Meer. Leider tritt sich Bodo gleich beim ersten Strandlauf einen Glassplitter ein. Ich opfere mein letztes sauberes T-Shirt, um ihm die Pfote zu verbinden ...

Zwischenstopp in der Wirklichkeit

Unsanft falle aus meinem Tagtraum. Onkel Herwig hat zu den Nachrichten gewechselt. Bombenterror. Flugzeugentführung. Weinende Frauen und Kinder in Flüchtlingslagern. So viel Elend! Ich mag das alles nicht sehen und ziehe mich in mein Zimmer zurück.

„Habt ihr heute keine Hausaufgaben?“, ruft mir Tante Ingrid nach.

„Doch. Mach ich jetzt!“

In meinem Zimmer erlebe ich eine unangenehme Überraschung. Tante Ingrid hat aufgeräumt! Das heißt, nichts ist an dem Platz, an dem es war. Wie oft habe ich sie schon gebeten, das Aufräumen mir zu überlassen! Doch sie hält sich nicht daran. Wahrscheinlich wollte sie wieder einmal MEIN CHAOS durch IHRE ORDNUNG ersetzen. Es will nicht in ihren Kopf, dass ich ein System in meinem Chaos habe.

Im bauchigen Glas mit den Füllfederpatronen ist der ganze Krimskrams gelandet, der im Zimmer verstreut war. Bleistiftspitzer, Knallfrosch, Taschenmesser, Tischtennisball, Vogelfeder, Kaugummikugeln aus dem Automaten und der Totenkopf-Ring. Der Ring ist mir zwar zu groß, aber er gefällt mir. Ist eine Art Piratenring oder Zauberring. Am Daumen passt er mir wie angegossen, aber das schaut irgendwie blöd aus.

Ich schalte das Radio ein. Da kann ich entspannen. Musik ist immer gut. Ich suche in meinen Laden nach Tischtennisschläger und -bällen. Wenn ich schon zu dem Mädchen gesagt habe, dass ich im WÜRFEL rumhänge, muss ich mich dort auch wieder blicken lassen. Damit die Leute wissen, dass es mich noch gibt. Früher hab ich oft dort gespielt. Aber seit wir so knapp bei Kassa sind, gehe ich kaum mehr hin und spiele nur, wenn jemand einen Partner sucht und ich nichts zahlen muss.

Meinen Schläger finde ich auf Anhieb. Den Karton mit den sechs neuen Bällen jedoch nicht. Nehme ich eben den aus dem Krimskrams-Glas. Der hat zwar eine kleine Delle, aber zur Not geht er noch. Ich stecke Schläger und Ball in meinen Rucksack und nehme die Mappe mit den Heften heraus.

Im Biologie-Test hab ich ein „Sehr gut" gekriegt. Das hätte ich Onkel Herwig zeigen können. Hätte ihn vielleicht gefreut. Aber im Grunde interessiert er sich nur für die Hauptfächer. Und da bin ich nur in Deutsch gut. Keine Leuchte, aber doch ganz passabel! In Englisch wäre ich mündlich auch nicht schlecht. Aber schriftlich eine Ka-ta-stro-phe! Zumindest behauptet das unser Englischlehrer. Warum müssen die Worte aber auch so anders geschrieben als ausgesprochen werden! Ist echt gemein!

Ich schaue kurz ins Mathe-Heft. Zwei Textaufgaben.

Mann, wie ich die hasse! Ich lese sie mir ein paar Mal durch. Versteh immer nur Bahnhof. Steck das

Heft wieder ein. Brauche ich ohnehin erst Montag. Also noch vier Tage Schonzeit. Ich werde die Aufgabe von Luca abschreiben. Mathe ist ein Graus. Da seh ich mich nicht raus. Unser Mathelehrer sagt zwar immer, wenn sich jemand nicht auskennt, soll er fragen. Tut aber keiner. Anfang des Schuljahres haben sich noch viele gemeldet. Da hat er dann die Erklärungen noch einmal heruntergeleiert, mit den gleichen Worten, nur im Zeitraffer und leicht genervt. Die halbe Klasse hatte zwar noch immer keinen Durchblick, aber keiner traute sich, es zuzugeben. Und er setzte ein hämisches Grinsen auf und fragte scheinheilig: „Alles klar?", und ging im Stoff weiter. Die halbe Klasse nimmt Nachhilfestunden und ich kapiere null. Hätte mir Luca nicht immer wieder geholfen, ich weiß nicht, wie ich überhaupt so weit gekommen wäre. Er ist der Einzige, der nie lacht, wenn unser Mathe-Lehrer mich bloßstellt. Deshalb mag ich ihn auch am liebsten. Aber außerhalb der Schule sehen wir einander nie. Er darf niemanden mit nach Hause nehmen und meine Pflegeeltern sehen das auch nicht gern.

Ich lege Bodos Ball auf den Schreibtisch. Ob Martha mir die Adresse vom neuen Besitzer geben wird? Ob es Bodo bei ihm gut geht? Wenn der Mann schon alt ist, wird er vielleicht froh sein, wenn ich ab und zu mit Bodo spazieren gehe. Vielleicht sucht er sogar schon jemanden dafür! Ein paar Stunden täglich. Das wäre genau der richtige Job für mich und ich wäre mit Bodo zusammen.

Bodo und Ritchie unterwegs
in der Welt

Und sollte er dafür auch etwas springen lassen, wär das super. Cash auf die Kralle! Könnte ich gut brauchen!
Ich schiebe die Mappe mit den Heften beiseite und hole ein großes Zeichenblatt heraus. Und meine Filzstifte. Und dann male ich ein Storyboard von meinem Film. Reihe ein Bild an das andere, so wie ich es vorher erträumt habe. Und schreibe in bunten Buchstaben den Titel: *Bodo und Ritchie unterwegs in der Welt.*

Lorenz

Wir fahren in die Stadt hinein, bis vor ein Zoogeschäft.

„Du bleibst hier!“, sagt der Mann. Er schaut auf die Uhr. „Du liebe Zeit! Schon so spät!“

Nach einer Weile kommt er zurück. Mit Hundekorb, Futter und einem Knochen aus Büffelleder.

Dann geht es weiter. Quer durch die Stadt bis wir endlich vor einem Haus halten.

„Aussteigen!“, fordert er mich auf. „Wir sind da!“

Ich atme erleichtert auf. Muss nämlich schon ganz dringend! Also raus aus dem Auto! Rüber zum Baum! Hier will ich ausgiebig schnuppern. Doch der Mann sieht das nicht ein.

„So mach doch schon!“, drängelt er. „Ich habs eilig!“

He, Mann – Geduld! Ich hebe mein Bein. So viel Zeit muss sein!

Aber schon zieht mich der Mann zum Haus zurück. Er macht beständig Tempo. Echt unangenehm. Ich hoffe nur, dass sein alter Herr mir mehr Zeit lässt.

„Ah, der Herr Lorenz!", ruft eine Frau, die gerade das Stiegenhaus aufwäscht. Ihre Begrüßung gilt meinem Begleiter, der wider Willen stehen bleibt. „Da wird sich der Herr Professor freuen, dass Sie ihn besuchen kommen."

„Ja, ja! Guten Morgen, Frau Swoboda!" Lorenz will gleich an ihr vorbei.

„Ein Hunderl?" Jetzt hat sie mich bemerkt. „Gehört das Hunderl Ihnen?"

„Nein, nein! Der ist für meinen Vater, damit er wieder mehr ausgeht."

„Ich weiß aber nicht", sagt Frau Swoboda spitz, „ob der Herr Professor das will."

„Warum nicht?", erwidert Lorenz. „Der Hund war ja seine Idee."

Wir fahren in den zweiten Stock. Lorenz läutet an einer Tür.

Ich bin sehr gespannt. Kanns kaum erwarten, mein neues Herrchen zu sehen.

„Ich komme!", höre ich eine Stimme. Und dann steht der Professor vor mir. Er ist rundlich und hat ein Clowngesicht mit einem stattlichen Schnauzer und stacheligen Augenbrauen. Graue Haarstoppeln auf dem Kopf.

„Guten Morgen, Vater! Hier ist der Hund", sagt Lorenz. „Ich hoffe, er gefällt dir."

„Guten Morgen, Lorenz!“ Er hat einen Brummbass. „Das ist er also!“ Er lächelt mich an. „Ein Schnauzer. Wie mein Oskar.“

Er hält mir die Hand zum Schnuppern hin. Sie riecht nach Brot, Speck und Tabak. Ich weiß gleich, dass ich ihn gut riechen kann.

„Ich bin schon spät dran“, sagt Lorenz nervös. „Wohin willst du die Sachen haben?“

„Lass dich nicht aufhalten! Stell sie hier ab! Ich kümmere mich schon drum.“

Der Professor

Wir gehen in ein großes Zimmer. Der Professor setzt sich in den Lehnstuhl. Ich würde mich gern auf das Sofa legen, doch warte ich lieber einmal ab. Weiß ja noch nicht, was hier erlaubt und was verboten ist.

Der Professor schaut mich liebevoll an. Er blättert in meinen Papieren.

„Bodo von Bellheim“, meint er beeindruckt, „du hast einen prächtigen Stammbaum.“

Ich weiß, ich bin nicht irgendwer. Ich kenne meine Vorfahren. Ich kenne sie alle mit Namen. Otto hat sie mir oft vorgelesen. Der berühmteste war mein Großvater, Bruno von Bach zu Schenna. In Schnauzer-Kreisen wahrlich kein Unbekannter. Heimste zahlreiche Preise ein. Die anderen Verwandten mussten sich mit klingenden Namen begnügen. Mein Vater hieß Lumpilus von der Lobau, meine Mutter Gianna dei Fiori. Meine Großmutter Lenchen von Wilhelmsburg. Und meine Urgroßeltern? Mümchen vom Helenental und Hasso vom Wienerwald.

„Und jetzt gehts ans Futtern.“ Der Professor legt die Papiere zur Seite. „Wollen wir schauen, was Lorenz mitgebracht hat. Ich wette, du bist schon hungrig.“

Dieser Mann hat Format. Hat gehört, dass mir schon der Magen knurrt. Er holt eine Dose Hundefutter und führt mich in die Küche. Hier wird in Zukunft mein Fressplatz sein.

Weil es in diesem Haushalt keinen Napf gibt, bekomme ich frisches Wasser im Aschenbecher aus Bleikristall.

„Bist ein feiner Pinkel, Bodo!“, scherzt der Professor und sucht dann nach einem Behälter für mein Futter.

„Ach ja, das können wir nehmen.“ Es ist eine bunte Schale. Darauf sind Berge und Bäume gemalt, der Mond und viele Sterne.

„Diese Schale hat Agnes so gemocht, meine verstorbene Frau. Lorenz hat sie bemalt, als er noch zur Schule ging.“

Auf dem Küchentisch liegen Brot und Speck. Duftet verführerisch! Für mich gibt es Huhn aus der Dose. Nicht vom Feinsten. Doch ich werde satt. Dann bekomme ich noch meinen Kauknochen. Als Nachtisch und für zwischendurch.

Der Hundekorb bleibt im Vorzimmer, neben dem Telefon. Der Professor legt eine Decke hinein. „Damit dus schön kuschelig hast."

Soll das in Zukunft mein Schlafplatz sein? Ich liege doch lieber im Bett! Oder auf dem Sofa! Ich bin leicht enttäuscht, doch werde ich erst einmal abwarten, wie sich die Dinge entwickeln. Knochen kauen und lieb dreinschauen.

Zu Mittag gehen wir zusammen aus. Höchste Zeit! Ich muss dringend hinunter. Der Professor weiß über Hunde Bescheid und lässt mir für alles Zeit. Fürs Schnuppern und fürs Markieren. Denn hier ist ab jetzt auch mein Revier. Das sollen alle Hunde erfahren. Ich mische jetzt mit. Ich gehöre jetzt hierher. Ich, Bodo von Bellheim, der Schnauzer.

„Der Herr Professor! Welch seltener Gast!“, sagt die Wirtin, als wir das Lokal „Zum schweinernen Frack“ betreten. „Ich hab mir schon richtig Sorgen gemacht. Sie waren schon so lange nicht mehr hier.“ Dann erblickt sie mich. „Ja, schau einer an! Seit wann haben Sie denn einen Hund?“

„Seit heute! Ist er nicht prächtig? Ich freue mich sehr über ihn.“

Der Professor nimmt am Fenstertisch Platz. Bestellt ein Mittagsmenü und liest Zeitung, bis das Essen kommt. Die Wirtin bringt mir ein Einstandsgeschenk: einen großen Rinderknochen mit reichlich Fleisch zum Abnagen.

Ich liege dem Professor zu Füßen und widme mich meinem Geschenk. Da bin ich eine Weile beschäftigt. Dann schlafe ich eine Runde.

„Ich hoffe, Sie kommen nun wieder öfter!“, meint die Wirtin beim Abschied.

Mit dem Knochen im Maul gibts zwar kein Antwortgebell, aber – ich lasse die Augen sprechen: Klare Sache, Frau Wirtin! Wir kommen bald wieder. Das werde ich schon in die Pfote nehmen!

Am Nachmittag besuchen wir Hermann. Er ist Buchhändler, direkt am Hauptplatz.

„Schau einer an! Mein Freund Ferdinand ist auf den Hund gekommen!“, begrüßt er den Professor. Hermann ist groß und stämmig, hat rotes Haar und einen Stoppelbart.

„Gefällt er dir?“, fragt der Professor.

„Und ob!“, sagt Hermann. „Und ob! Nur gut,

dass ihn meine Kinder nicht sehen. Die wollen auch so gern einen Hund."

„Und was spricht dagegen?", fragt der Professor.

„So ein Schritt will gut überlegt sein. Woher hast du denn den Schnauzer?"

„Aus dem Tierheim", sagt der Professor und stellt mich namentlich vor.

„Wenn ich mich je für einen Hund entscheide, hole ich ihn auch aus dem Tierheim. Aber ich bin noch nicht so weit."

Mitten im Geschäft führt eine Treppe ins Antiquariat. Die beiden Männer steigen zu den vielen alten Büchern hinauf. Ich bleibe lieber unten. Ich mag keine Wendeltreppen.

Inzwischen kümmert sich Fräulein Prinz, die Bücherdame, um mich. Sie gibt mir Schinken, einen halben Apfel und ein kleines Nougat-Bonbon. Das nimmt sie alles aus ihrem Korb. Dieser Korb ist ein Geheimtipp! Da gibts noch mehr feine Sachen. Ein Feinspitz wie ich riecht das!

„Komm rauf, Bodo, komm!", ruft der Professor. Oh nein! Ich will da nicht rauf! Ich bin doch nicht schwindelfrei! Ich bleibe neben dem Korb liegen und lasse ihn nicht aus den Augen.

„Dann eben nicht!", sagt der Professor und kommt bald selber herunter.

„Ich hoffe, wir sehen dich jetzt wieder öfter!", sagt auch Hermann, als wir gehen. „Vergiss nicht, ein Hund braucht viel Auslauf!" Er wendet sich an mich: „Bellheim, du kennst ja jetzt den Weg! Bring dein Herrchen öfter hierher!"

Lass mich nur machen, Bücherboss! Hol du nur einen Hundekollegen für mich! Für alles andere sorge ich schon!

Die Beschwörung

Am ersten Abend im neuen Quartier gibts noch einmal etwas zu futtern, einen Rundgang um den Häuserblock und etwas später Fernsehen. Die Nachrichten und einen Krimi. Noch bevor der Mörder zum Schlag ausholt, habe ich das Sofa erobert. Das erste Nahziel ist erreicht. Der Professor hat nichts bemerkt. Ich räkle mich genüsslich auf dem Rücken. Balanciere dabei den Knochen im Maul. Meine kleine Abendgymnastik! Irgendwann schlafe ich ein.

Auf einmal höre ich meinen Namen. Schrecke auf. Wie? Was? Wann? Wo?

„So war das aber nicht ausgemacht, mein lieber Bodo von Bellheim!“ Der Professor steht stirnrunzelnd neben mir und schaut auf mich herunter.

Pech gehabt! Ist ihm doch nicht recht! Doch noch räume ich nicht das Feld. Ich wälze mich auf den Rücken und schaue ihn treuherzig an.

„Das fängt ja gut an“, sagt der Professor.

Ich weiß nicht recht, was er meint. Heißt das nun: „Runter!“ oder „Bleib!“? So warte ich vorläufig ab.

Der Professor nimmt einen Schlummertrunk und raucht noch eine Zigarre. Der Qualm ist gar nicht mein Fall. Doch lasse ich mit mir reden, wenn er mir das Sofa lässt ...

Im Fernsehen tut sich gerade was. Der Professor ist abgelenkt. Ich rolle mich wieder auf den Bauch und schlafe noch ein Weilchen.

Da werde ich schon wieder aufgeweckt.

„Zeit zum Schlafengehen!“ Der Professor ist aufgestanden. Dreht den Fernseher ab.

Schlafen? Ist wohl ein Scherz! Ich habe doch gerade geschlafen.

„Du weißt, wo dein Platz ist!“, sagt der Professor und deutet hinaus ins Vorzimmer.

Okay, okay, ich gehe ja schon!

Mit meinem Knochen springe ich vom Sofa runter. Trotte hinaus und lege mich in den Korb. Langsam. Mit Todesverachtung.

Der Professor geht ins Badezimmer. Ich bin enttäuscht und gekränkt. Die ganze Nacht allein hier schlafen? Das kann er mir doch nicht antun!

Als er das Badezimmer verlässt, bleibt er noch bei mir stehen und wünscht mir eine gute Nacht. Ich hebe den Kopf und schaue ihn mit schmerzlicher Trauer an. Er zögert.

Heißt das nun: „Hier geblieben!“, oder heißt das doch: „Komm mit!“?

Der Professor geht ins Schlafzimmer. Noch ist nichts entschieden. Das nütze ich aus und folge ihm. Heimlich. Auf leisen Pfoten.

Er hat die Nachttischlampe angeknipst, sitzt im Bett und liest noch Zeitung. Ich nütze das Rascheln beim Umblättern aus und nähere mich der Truhe, die quer gestellt am Bettende steht. Sie soll mir als Ausgangspunkt dienen.

Beim nächsten Umblättern liege ich schon eingerollt auf der Truhe. Vorsichtshalber stelle ich mich schlafend. Nach einer Weile riskiere ich ein Auge. Und durch die Zeitungsseiten hindurch beschwöre ich den Professor, dass er mich nicht wieder wegschickt.

Da senkt er die Zeitung. Ich sehe seine Augen über dem Zeitungsrand und höre, wie er leise sagt: „So ein ausgekochtes Schlitzohr!"

Eisern halte ich seinem Blick stand. Jetzt nur nicht aufgeben! Er wird bald weich!

„Na gut, dann bleib!", sagt der Professor. Hebt die Zeitung und liest weiter.

Bingo! Das lässt sich gut an!

Gegen Mitternacht schläft der Professor ein. Jetzt ist meine Stunde gekommen! Nun peile ich das letzte Ziel an: Die andere Hälfte des Bettes. Hier liege ich dann den Rest der Nacht und schlafe ganz vorzüglich.

Im Morgengrauen wache ich auf und schlüpfe hinaus in die Küche. Vielleicht gibts schon irgendwo Futter. Gibt es nicht! Also heißt es: Bitte warten!

Da höre ich, dass der Professor aufsteht. Also nichts wie raus ins Vorzimmer und artig in den Korb gelegt. Ein kleines Schwanzwedeln zur Begrüßung.

„Na, Bellheim, gut geruht?" Der Professor geht

aufs Klo und legt sich dann noch einmal hin, um noch eine Runde zu schlafen.

Wie der Herr, so der Hund! Das ist mein Motto. Also rolle ich mich auch noch mal zusammen. Im Bett. Wie gehabt. Auf meiner Hälfte.

Als der Professor endgültig aufsteht, liege ich wieder im Korb.

Frau Swoboda

Es geht mir gut, rundherum gut. Langsam werden wir ein Team. Die Leute sagen, wir passen zusammen, mein Professor und ich. Wir sind beide wohlgenährt, sozusagen gut unterspickt, besonders um die Mitte. Wie das bei Herren und Hunden so ist, die in die Jahre gekommen sind. Und wir haben viel gesehen. Jeder auf seine Weise. Auch der Professor hat ein reiches Leben gehabt, und wie ich: nicht nur frohe Zeiten!

Von klein auf war er fasziniert von fremden Ländern und Völkern. Darum hat er auch später Sprachen studiert und selber unterrichtet. Seinen Herzenswunsch aber erfüllt er sich jetzt. Erst jetzt. Im Ruhestand. Er schreibt sein Lebensbuch. Da geht er – für ein paar Stunden am Tag – im Geist ganz weit weg von mir. Die restliche Zeit gehört uns.

Als Hausmann ist er allerdings nicht sehr talentiert. Was mich überhaupt nicht stört. Aber Lorenz regt sich darüber auf. Der gönnt mir auch nicht die bemalte Schale und das Bleikristall. Er hat einen

Fress- und Wassernapf mitgebracht. Außerdem will er, dass einmal die Woche unsere Wohnung geputzt wird. Von Frau Swoboda, der Hausmeisterin. Ich bin davon gar nicht begeistert.

„Das ist doch nicht nötig! Ich bitte dich, Lorenz!", versucht der Professor abzuwehren.

„Ach, lass dir doch helfen, Vater!" Lorenz hat wieder diesen strengen Ton.

„Ich übernehme die Kosten. Du kannst doch nicht ständig im Chaos leben. Noch dazu mit dem Hund."

Ich weiß nicht, worauf dieser Lorenz anspielt. Wo, bitte, ist hier ein Chaos? Die Zeitungsberge neben dem Bett? Mein Knochen auf dem Kissen? Die Bücherstapel in jedem Raum? Ist das für ihn das Chaos?

Jeden Freitag kommt nun Frau Swoboda am späten Vormittag und werkelt, bis alles sauber ist. Der Professor und ich, wir leiden. Frau Swoboda ist eine Frau der Tat. Ruckzuck ist ihr Lieblingswort. Sie nimmt sich auch kein Blatt vor den Mund, wenn ihr einmal etwas nicht passt.

„Sie wissen, ich schätz den Herrn Lorenz sehr!"

Oh, oh! Jetzt gehts wieder los.

„Nur, dass er Ihnen den Hund ins Haus gebracht hat, das war keine gute Idee. Die Wirtschaft, die der immer macht, und überall seine Haare! Sogar im Bett! Nein, Herr Professor, geben Sie ihn wieder weg."

Sie mag mich nicht. Da gibts keinen Zweifel. Sie

hetzt den Professor auf. Versucht ihn auf ihre Seite zu ziehen. Im Klartext: Weg mit dem Köter!

„Frau Swoboda, bitte lassen Sie das! Keine Diskussionen über Bodo!"

Das sitzt. Nun ist die Frau beleidigt. Und schweigt. Wie angenehm!

Um mich zu ärgern, holt sie dann den Staubsauger heraus. Er schläft im Schrank und ist noch nie von allein herausgekommen. Der Professor weiß, dass ich mich vor ihm fürchte und lässt ihn drinnen. Doch Frau Swoboda? Die schert sich nicht um meine große Angst. Sie lässt den Staubsauger laut aufheulen. Ganz gleich, wo ich mich auch verstecke, das Monster pirscht sich heran und rückt mir auf den Leib. Frau Swoboda hat es fest im Griff. Es macht ihr sichtlich Freude, mich in die Flucht zu schlagen.

Ist das Ungeheuer dann wieder verstaut, fühle ich mich sehr erleichtert. Ich pflanze mich vor dem Wandschrank auf und verbelle es. Und habe somit das letzte Wort. Mein bescheidener Triumph!

Fräulein Prinz

Interessante Entdeckung: Das Fräulein Prinz aus der Buchhandlung wohnt in unserem Haus. Im selben Stockwerk noch dazu. Direkt gegenüber.

Sie kommt am Abend manchmal auf einen Sprung vorbei. Und bringt dem Professor eine Zeitschrift oder ein bestelltes Buch.

„Wäre wirklich nicht notwendig, Fräulein Prinz, dass Sie sich extra bemühen. Ich wär schon vorbeigekommen.“ Das sagt er jedes Mal. Obwohl er sich freut, wenn sie kommt.

„Das ist keine Mühe. Das mache ich gerne“, wehrt sie ab. Und sie plaudern ein bisschen. Über dies und das und noch etwas. Immer zwischen Tür und Angel.

Ich nütze die Zeit, um zu erschnuppern, was in ihrem Einkaufskorb ist. Ob Steak, ob Schinken, mir rinnt jedes Mal das Wasser im Maul zusammen.

Wenn Fräulein Prinz in ihre Wohnung geht, dauert es nicht lange, bis die ersten Gerüche zu mir herüberziehen. Aus ihrer Küche. Deshalb liege ich gerne im Vorzimmer. Mit der Nase knapp am Türspalt. Und fange dabei vor lauter Begeisterung zu sabbern an.

Wenn die gute Frau wüsste, wie sehr ich ihre feine Kochkunst verehre. Sie würde mich einladen. Jeden Abend. Als ihren Ehrengast. Und – Pfote aufs Herz! – ich würde mich dann auch nicht lumpen lassen. Würde ihr so manches schwarze Haar aus meinem Fell verehren. Als Zeichen meiner Dankbarkeit! Sie wüsste das sicher zu schätzen!

Ich könnte ihr auch den Knochen opfern, den von unserm Stammlokal. Würde ihn ihr zu Füßen legen. Sie würde sich sicher freuen! Im Gegensatz zum Professor, der es überhaupt nicht zu schätzen weiß, wenn mein Knochen vor seinem Bett liegt, als kleiner Liebesbeweis. Obwohl er viele Sprachen spricht, das versteht er nicht.

Später höre ich von drüben Klaviermusik. Erst die Tonleiter rauf und runter. Dann einen Walzer und ein Capriccio. Ich kenne mich aus. Schließlich bin ich ja bei Otto aufgewachsen. Der hat zu Hause auch Klavier gespielt, auf Reisen immer Gitarre.

Der Professor hat mit Musik nichts am Hut. Das habe ich schon bemerkt. Ob Klassik, Jazz oder Tanzmusik – für ihn ist das alles eins.

Schade, dass er kein Musikliebhaber und kein Feinspitz ist. Sonst könnten wir öfter hinübergehen. Mir würde das sehr behagen!

Besuch bei der alten Dame

Heute will der Professor seine Mutter besuchen. Sie ist schon 94 und wohnt am Stadtrand bei ihrer Tochter. Sie ist oft sehr verwirrt, in einer anderen Welt sozusagen. „Das macht das Alter", erklärt der Professor.

Wir fahren mit dem Bus bis zur Endstation. Dann ist es noch ein Stück zu Fuß. Ein Bach. Eine Wiese. Ein Wäldchen. Da kann ich endlich frei laufen. Ein Fest für einen Stadthund!

Vor einem Gartentor bleiben wir stehen. Der Professor drückt auf die Glocke.

„Benimm dich, Bodo!", schärft er mir ein. „Wir bleiben nicht allzu lange."

Gleich darauf tritt eine Frau aus dem Haus. Sie ist rundlich, dem Professor sehr ähnlich. „Einen Augenblick!", ruft sie. „Das Gartentor klemmt."

„Guten Morgen, Schwesterherz!“, sagt der Professor.

Ein Ruck. Das Tor ist offen.

„Grüß dich, Ferdinand!“

„Wie geht es Mutter?“, fragt der Professor.

„Ach, wie immer. Manchmal erkennt sie mich, dann wieder nicht. Du kennst das ja zur Genüge.“

Ich schnuppere noch am Gartenzaun. Da fällt das Tor ins Schloss. Und ich? Ich stehe draußen.

He, ich bin auch noch da! Ich belle kurz. „Entschuldige, Bodo!“ Der Professor lacht. „Hab ich dich rausgesperrt!“ Er öffnet mir das Gartentor. Schon schlüpfe ich hinein.

„Ein Schnauzer!“ Die Schwester ist gerührt. „Der Nachfolger von unserem Oskar!“

„Dieser hier heißt Bodo“, sagt der Professor. „Ich bin froh, dass ich ihn habe.“

Dann gehen wir endlich ins Haus, in das Zimmer der alten Dame.

„Guten Morgen, Mutter!“, begrüßt sie der Professor. „Wie fühlst du dich denn heute?“

„Wer sind Sie denn?“ Die Dame ist erstaunt. Sie ist klein und wirkt sehr zerbrechlich.

„Ich bin es: Ferdinand!“ Der Professor wirkt plötzlich etwas hilflos.

„Ach, der Ferdinand!“, sagt die Dame voll Wehmut. „Der war schon so lange nicht mehr hier.“

„Aber Mutter, ich war letzten Donnerstag hier. Ich komme doch einmal die Woche!“

Da sieht sie mich und ruft erfreut: „Oskar! Ist das eine Freude!“

Sie hält mich für meinen Vorgänger! Vielleicht ist die Zeit für sie stehen geblieben? Auch Uhren bleiben öfter stehen.

„Hat Ferdinand Ihnen den Hund anvertraut?“, fragt sie den Professor erstaunt. „Das will tatsächlich was heißen. Der Junge trennt sich ja sonst nie von ihm.“

Sie wirkt plötzlich froh und ganz gelöst. Und streichelt mich ausgiebig. Ich halte still. Schaue ihr in die Augen. Sie hat Bernsteinaugen. Wie der Professor.

Dann erzählt sie von ihrem Ferdinand, der zwölf Jahre alt ist. Und von Oskar. Und was die beiden schon alles angestellt haben. Irgendwann wird sie müde und sagt zu uns: „Ich glaube, ich möchte jetzt schlafen.“

„Recht hast du, Mutter!“, stimmt der Professor zu. „Für uns wird es auch Zeit.“

„Ja, ja“, sagt sie und lächelt ihn an und streicht mir über den Kopf „Kommt bitte recht bald wieder!“

Als wir an der Tür sind, ruft sie uns nach: „Und grüßen Sie Ferdinand! Der Junge soll doch einmal kommen!“

„Sie hat mich wieder nicht als den erkannt, der ich heute bin“, meint der Professor etwas traurig. „Sie hat von mir als Kind gesprochen. Und Bodo hat sie für Oskar gehalten.“

„Nimms nicht so schwer!“, tröstet seine Schwester. „Du weißt ja, Mutter lebt auf ihren Zeitinseln.

Vergangenes wird da zur Gegenwart und Tote werden wieder lebendig.“

Ich darf dann noch in den Garten hinaus und wälze mich nach Herzenslust auf dem Rasen. Das tut mir gut. Später jage ich noch eine Katze.

Als ich ins Haus zurückkomme, richtet die Schwester in der Küche einen kleinen Imbiss. Für den Professor und sich. Ich setze mich artig vor sie hin und schenke ihr ein hauchzartes Winseln. Sie kapiert sofort und es fällt etwas für mich ab ...

Besser als ein Jackpot

Martha rückt die Adresse von Bodos neuem Besitzer nicht heraus. Jedes Mal hat sie eine andere Ausrede. Erst wars die Vorschrift, gegen die sie nicht verstoßen konnte. Dann hatte sie zu viel um die Ohren, um selbst zu telefonieren. Gestern hat sie endlich angerufen, aber da war niemand zu Hause.

Ich bin enttäuscht und sauer. „Du musst es halt öfter versuchen! Vielleicht ist er nicht nur schwerhörig, sondern auch nicht gut zu Fuß? Lass es einfach länger läuten! Ich kenne das von Oma. Bei ihr dauert es auch länger, bis sie abhebt. Der ist sicher zu Hause. Wo soll er denn sonst sein?“

„Na, du bist gut! Bei der Arbeit wird er sein“, sagt sie und klärt mich auf, dass sie nicht den alten Herrn zu erreichen versucht, sondern dessen Sohn. Der hat nämlich den Schnauzer abgeholt und ihn zu seinem Vater gebracht.

Na, bravo! Das macht die Sache ja noch komplizierter. Wenn ich wenigstens den Namen des Sohnes hätte! Dann könnte ich im Telefonbuch nach dem Vater suchen und ihn selber anrufen. Ich versuche sie auszutricksen. Sie muss doch alle Informationen im Computer gespeichert haben.

„Versuch es noch einmal, Martha! Bitte! Jetzt gleich."

„Meinetwegen!", sagt sie und drückt auf ein paar Tasten.

Ich verfolge ihren Blick. Schon scheint sie beim Schnauzer gelandet zu sein. Sie notiert sich eine Nummer und greift zum Telefon.

Ich beuge mich blitzschnell vor und lese auf dem Bildschirm: Lorenz Maydan. Im gleichen Augenblick überringelt Martha, dass ich spioniere und klickt auf eine andere Seite.

„Du bist doch wirklich allerhand!", sagt sie verärgert. „Willst du mich in Schwierigkeiten bringen? Dir kann man wirklich nicht trauen!"

Ich schwöre Stein und Bein, dass ich ohnehin nichts lesen konnte. Und dass sie sich keine Sorgen zu machen braucht. Doch Martha ist eingeschnappt und will nichts mehr von mir wissen. Für heute ist da nichts mehr zu machen. Also verzieh ich mich. Nicht ganz so unglücklich, wie ich gekommen bin. Immerhin, den Namen habe ich. Lorenz Maydan. Brauche ich mir gar nicht aufzuschreiben, den merk ich mir auch so. Wenn ich will, hab ich ein hervorragendes Gedächtnis. Aber eben nur, wenn ich will.

Um vier Uhr muss ich am Sportplatz sein. Gleich hinter unserer Schule. Vorletztes Training vor dem Match am Sonntag. Da wird unsere Klasse gegen die Parallelklasse spielen. Ich bin zwar nur Reservespieler, aber unser Turnlehrer setzt mich sicherlich ein. Tom, unser Mittelstürmer, pfeift doch aus dem letzten Loch. Der ist total verkühlt und kann von Glück reden, wenn er die erste Spielhälfte durchhält. Dass ich auf der Reservebank sitze, ist ja eigentlich Schwachsinn! Aber unser Turnlehrer findet, das sei die gerechte Strafe für mich. Nur weil ich zweimal nicht beim Training war. Aber wie hätte ich denn hingehen sollen, wenn ich zwei Tage nicht in der Schule war? Weil ich, laut Entschuldigung, starke Bauchkrämpfe hatte und das Bett hüten musste. Tante Ingrid hats mir abgenommen und mir dann – ausnahmsweise – die verhaute Schularbeit unterschrieben. Seit der Geschichte mit der gefälschten Unterschrift, ist nämlich Onkel Herwig dafür zuständig. Damals musste er zu unserem Klassenvorstand in die Sprechstunde. Und da ist so einiges aufgeflogen. Jedenfalls kam Onkel Herwig wutschnaubend nach Hause und hielt mir eine Predigt. Ich konnte mich weder gegen die Vorwürfe noch gegen die Ohrfeige wehren, die Onkel Herwig in seiner Entrüstung auf mich niederprasseln ließ.

Ich mache einen kleinen Umweg und schau noch einen Sprung im WÜRFEL vorbei. Zwei Tischtennis-Tische sind besetzt. Da wird im Doppel gespielt. Anfänger!

„He, Ritchie! Ich hab was für dich!“ Der lange Luis hat Aufsicht. Er ist hier praktisch Mädchen für alles. Vergibt die Tische, kassiert, verkauft Getränke und Knabbergebäck.

„Für mich?“ Will er mich etwa wieder reinlegen? Ein zweites Mal falle ich ihm nicht mehr auf seine „Einladung“ rein. Eine versalzene Limo reicht! Soll sich ein anderes Opfer suchen, dieser Scherzkeks!

„Liebesgrüße aus Moskau!“ Luis grinst blöd und überreicht mir ein zusammengefaltetes Blatt Papier.

„Von wem ist das?“ Ich traue ihm nicht über den Weg.

„Von einer süßen Braut!“, lacht er. „Vielleicht will sie dir ihren Köter andrehen.“

Ich falte das Blatt Papier auseinander. „Ich weiß, wer deinen Schnauzer hat. Sei morgen um vier Uhr im WÜRFEL. Gruß, Simone.“

Mann, oh Mann! Das ist ja eine spitzenmäßige Meldung. Simone, das Mädchen vom Fluss – eine Meisterdetektivin! So schnell, so verlässlich. Ich bin beeindruckt. Endlich einmal eine gute Nachricht!

„Na?“ Der lange Luis will eingeweiht werden.

Ich falte das Blatt wieder zusammen und halte es Luis unter die Nase. „Das ist besser als ein Jackpot!“ Ich grinse blöd und steck die Nachricht ein.

Schon bin ich wieder auf der Straße. Höchste Zeit fürs Training! Ich springe auf mein Skateboard und düse zum Sportplatz. In Rekordzeit!

Ich fühle mich beflügelt wie schon lange nicht. Heute werde ich meinen Kumpeln zeigen, was in mir steckt. Dann werden sie keinen Grund mehr haben, mich eine lahme Ente zu nennen. Heute werd ich mit Köpfchen spielen. Und keinen Pass vergeben. Flink und wendig werde ich sein ... wie ... wie Sowidu. Genau!

Vorfreude

Aufgekratzt komme ich nach Hause. Das Training hat mich aufgebaut. Ich bin wirklich zur Hochform aufgelaufen. Klar, dass das auch unserem Turnlehrer aufgefallen ist.

„Was ist denn mit dir los?", hat er irgendwann zwischendurch gefragt. „Du bist ja wie ausgewechselt." Ein Lob aus seinem Mund! Hab ich auch noch nie erlebt. „Wenn du am Sonntag auch so gut spielst, dann könnten wir einen Sieg einfahren."

Tante Ingrid sitzt am Wohnzimmertisch und näht. Sie arbeitet am Vormittag in einer Änderungsschneiderei und nimmt meistens Arbeit mit nach Hause. Damit mehr Geld hereinkommt.

„Übrigens, Ritchie, dein Papa hat angerufen. Er ist am Samstag in der Stadt und will dich sehen. Er ruft später noch einmal an." Sie blickt von der Nähmaschine auf. „Freust du dich?"

„Geht so!" Ich bemühe mich, meine Freude nicht offen zu zeigen. Ich will ihr ja nicht das Herz schwer machen.

Onkel Herwig ist bei seiner Selbsthilfegruppe, die sich einmal wöchentlich trifft. Dialysepatienten und Nierentransplantierte können dort über die Probleme reden, die auftauchen können und sich gegenseitig unterstützen und aufbauen. Das hat er im Augenblick auch dringend nötig, weil seine Firma Stellen abbaut und er ab Monatsende vielleicht arbeitslos ist. Angeblich nur vorübergehend. Aber immerhin!

„Soll ich dir einen Drink machen?“ Ich warte gar nicht erst ihre Antwort ab. Ich weiß ja, dass Tante Ingrid dafür eine Schwäche hat.

„Aber ohne Alkohol!“, ruft sie mir nach.

„Klar doch!“ Ich mixe je einen Schuss aus den Sirupflaschen: Ananas, Weichsel und Grapefruit. Gebe etwas Zitronensaft dazu und spritze alles mit Sodawasser auf. Zur Dekoration noch eine Zitronenscheibe. Hab ich mal im Fernsehen gesehen.

„Du verwöhnst mich ja richtig!“ Tante Ingrid lächelt und schiebt die Arbeit beiseite.

„Mach ich gern!“ Ich erzähl vom Training und erwähne auch die Spurensuche von Bodo. Aber sie ist nicht bei der Sache, fragt immer wieder, wie spät es denn sei und schreckt zusammen, als das Telefon läutet.

Mit ein paar Schritten bin ich im Vorzimmer.

„Hallo?“ Es ist Papa.

Er will mich am Samstag um drei Uhr abholen. „Alles klar! Ich werde da sein. Ja, ich freu mich auch!“

Tante Ingrid macht sich mittlerweile in der Küche zu schaffen.

„Was gibts denn zum Abendessen?“

„Pasta asciutta." Ihre Antwort ist knapp. „Und? Wann holt er dich ab?"

Ich gebe kurz Auskunft.

„Vergiss nicht! Er hat Geburtstag."

Gut, dass sie mich erinnert! Hätte ich echt drauf vergessen. Das hätte ihn gekränkt. Er freut sich, wenn ich ihm gratuliere. Na ja, kann ich schon verstehen. Mir ist mein Geburtstag ja auch wichtig.

Weil es noch Zeit ist bis zum Abendessen, gehe ich in mein Zimmer und suche in meinen Laden, ob ich etwas finde, das ich ihm schenken könnte. Er sagt zwar immer, er möchte kein Geschenk von mir. Aber wenn ich dann mit leeren Händen komme, ist er, glaube ich, doch enttäuscht. Irgendwo muss ich doch noch den Schlüsselanhänger haben, den ich einmal am Flohmarkt gekauft habe. Ein M aus Messing. M wie Manfred. Habe ich extra für ihn gekauft. Aber dann haben wir uns länger nicht gesehen und ich hab wieder darauf vergessen.

Wahrscheinlich ruft er am Samstag knapp vor unserem Treffen an und sagt mir, dass ich gleich zu dem Café kommen soll, wo wir uns schon öfter getroffen haben. Weil er wieder einmal spät dran ist.

Ich stecke den Totenkopf-Ring an. Meinen Zauberring. Werfe mich aufs Bett und stelle mir unser Treffen vor:

Fällt dir was auf, Papa? –

Genau, der Ring! Ist der nicht cool? Ist ein Zauberring! Wenn ich mir ganz fest etwas wünsche und ich drehe den Ring nach links, dann ... dann geht der

Wunsch in Erfüllung. – Nein, das ist kein Blödsinn! Ich hab mir zum Beispiel gewünscht, dass du Zeit für mich hast ... Und – mein Wunsch hat sich erfüllt.

Klar, du kannst ruhig rauchen. Stört mich nicht. Echt nicht. Mein Husten ist schon viel besser. Warte, ich hol dir einen Aschenbecher.

Hast du morgen Zeit? Kommst du zum Match?

Nein, Tante Ingrid geht da nicht hin. Fußball interessiert sie nicht.

Onkel Herwig schaut sich Fußball nur im Fernsehen an. Ist mir auch nicht wichtig, dass er kommt.

Nein, echt nicht! Aber dass du kommst, das wär mir schon wichtig. Vielleicht schieß ich ja sogar ein Tor. Na komm schon, sag, dass du Zeit hast!

Echt? Abgemacht?

Super! Ich freu mich! Da wird Luca Augen machen. Der glaubt nämlich, dich gibts in Wirklichkeit gar nicht.

Ich schrecke hoch aus meinem Traum. Wie spät ist es? Passiert mir öfter, dass ich bei meinen Träumereien die Zeit überseh ...

Detektivbüro Simone & Co

Trotzdem bin ich schon eine Viertelstunde früher im WÜRFEL. Und muss mich von Luis dumm anquatschen lassen. Doch Punkt vier Uhr wird die Tür aufgestoßen und – ein kleiner Bub stürmt herein. Direkt auf mich zu. „Bist du der mit dem Snauzer?“, fragt er.

„Dein Jüngster?“, ätzt Luis. Und zu dem Kleinen: „Gib dem Onkel Pfötchen!“

Doch der Kleine lässt sich nicht beirren. „Bist du der mit dem Snauzer?“, wiederholt er seine Frage.

„Genau der bin ich!“ Ich nehme ihn an der Hand und ziehe ihn hinaus. „Und du? Wer bist du?“

„Ich bin der Niki. Und das da ist meine Swester, die Simone.“

Bevor ich noch was sagen kann, drängt sich Sowidu vor und will begrüßt werden.

„Also, schieß los! Was hast du rausgefunden?“

„Dein Snauzer ist bei einem Professor, hat der Albert gesagt.“

„Wer ist Albert?“

Ich erfahre, dass Albert Simones älterer Bruder ist. Er hilft stundenweise bei einem Buchhändler aus. Und dessen Freund hat seit einer Woche einen Schnauzer.

„Aus dem Tierheim!“, sagt sie. „Das ist alles, was unser Detektivbüro herausgefunden hat.“

Hat sie mir die Entführungsgeschichte tatsächlich nicht abgenommen! Jetzt stehe ich ganz schön blöd da. Ich weiß nicht recht, wo ich hinschauen soll und starre verlegen auf meine Schuhspitzen.

„Und der Snauzer heißt Bodo“, sagt Niki.

Simone übergeht meine Verlegenheit. „Hauptsache, wir haben ihn gefunden“, sagt sie und gibt mir den Namen von Bodos neuem Besitzer.

PROF. FERDINAND MAYDAN.

Okey-dokey! Das ist der Mann. Der Vater von Lorenz Maydan.

„Willst du auch seine Adresse?“ fragt, Simone. „Kannst du haben! Lerchengasse 28.“
Ich bin völlig baff. Sie ist ein detektivisches Naturtalent. „Wie hast du denn das rausgefunden?“
„Hab ich gar nicht. Hat mir Albert gesagt. Dessen Freundin wohnt nämlich im gleichen Haus.“
Sie erklärt mir noch, wie ich zur Lerchengasse komme und gibt mir ihre Telefonnummer. „Für alle Fälle!“, sagt sie.

„Mich kannst du auch anrufen“, erklärt Niki wichtig, „wenn du das Haus vom Snauzer nicht findest. Ich helf dir suchen.“

„Das werd ich dir nie vergessen!“, sage ich zu Simone. „Danke!“

„Keine Ursache! War einfach gute Teamarbeit!“, lacht sie. „Also dann! Machs gut!“

„Bis bald, ihr beiden!“, rufe ich ihnen nach bevor sie um die nächste Ecke verschwunden sind.

Ich will noch schnell Bodos Ball von zu Hause holen, um ihm auch gleich eine kleine Freude zu machen ...

Hausarrest

Hätte ich doch nur den Ball geholt und wäre gleich wieder abgezwitschert. Aber nein! Da lag dieser Duft nach frisch gebackenem Kuchen in der Luft. Der hat mich magnetisch anzogen. Kommt ja selten vor, dass Tante Ingrid etwas bäckt. In der Küche stand ein Marmorkuchen, so als hätte er nur auf mich gewartet. Ich konnte mich nicht mehr beherrschen und schnitt ein Riesenstück ab. Der Kuchen war noch warm und schmeckte traumhaft. Also langte ich ein zweites Mal zu.

Plötzlich steht Onkel Herwig neben mir. Ich habe ihn nicht kommen gehört und bin mordsmäßig erschrocken. Verschlucke mich und bekomme einen Hustenanfall. Das rührt ihn aber kein bisschen. Aus irgendeinem Grund ist er fuchsteufelswild und zieht mich ins Wohnzimmer.

„Was ist denn los?“, kann ich gerade noch fragen, bevor er losbrüllt:

„Das fragst du noch?“ Er fuchtelt mir mit meinem Mitteilungsheft vor der Nase herum. „Richard stört den Unterricht." – „Richard macht keine Hausaufgaben." Er wirft mir das Heft an den Kopf. „Mein Gott, Ritchie! Wie stellst du dir das eigentlich vor?"

„Das sind doch alte Eintragungen." Ich rücke ein Stück von ihm ab. „Ist alles nicht mehr aktuell!"

„Diesen Bären kannst du jemand anderem aufbinden!", sagt er zornig und will auf der Stelle alle Hefte sehen. Es bleibt mir keine Zeit, etwas verschwinden zu lassen. Er macht mich so richtig zur Schnecke und droht mir Hausarrest an.

Zum Glück ist gerade Tante Ingrid gekommen. Sie nimmt mich meistens in Schutz, was ihn immer ärgert.

„Du hältst natürlich immer zu ihm!", pfaucht er sie an.

„Aber Herwig, ich bitte dich! Das stimmt ja überhaupt nicht!" Sie stellt sich zwischen ihn und mich. „Ritchie hat es doch auch nicht leicht."

„Deswegen kann er auch nicht tun und lassen, was er will! Schau dir seine Hefte an!" Tante Ingrid seufzt. Ich verschwinde in mein Zimmer.

„Eine Woche Hausarrest!", ruft mir Onkel Herwig nach. „Dass das klar ist!"

Mich trifft fast der Schlag. „Aber ..."

„Kein Aber! Eine Woche Hausarrest! Da hast du Zeit, alles nachzuholen, was du versäumt hast."

Ich schließe mich in mein Zimmer ein. So eine Gemeinheit! Ich werfe mich aufs Bett und heule vor lauter Wut.

Wenn ich einmal Kinder habe, dann werde ich

sie nie nie nie so behandeln! Und herumschreien werde ich auch nicht. Wenn sie Schwierigkeiten haben, werde ich versuchen, ihnen zu helfen und sie nicht auch noch einsperren.

Später, als mein Zorn ein wenig verraucht ist, stehe ich auf. In meinem Kopf läuft bereits die Fortsetzung meines Filmes. Also beginne ich ein neues Storyboard. Auf dem ersten Bild werde ich abgeführt. Trotz Gegenwehr. Sehe gerade noch, wie sich ein alter Mann um Bodo kümmert. Klar, das muss der Professor sein. Ich male ihm einen Krückstock als Gehhilfe.

Auf dem zweiten Bild bin ich schon im Gefängnis.

Durch eine Luke wird mir ein voller Blechnapf hereingereicht. Diesen Schlangenfraß soll ich essen? Ich bin doch nicht lebensmüde! Ich trete in Hungerstreik. Liege auf dem Bett und betrachte durch die Gitterstäbe den Himmel. Irgendwo bellt ein Hund. Das wird Bodo sein. Ich muss da raus! Als ich mich an den Gitterstäben hochziehe, merke ich, dass sie aus Plastik sind. Ja, wenn das so ist! Dann kann ich sie locker auseinander biegen. Ich reiße mein Leintuch in Streifen, knote sie aneinander und warte, bis es dunkel wird. Dann seile ich mich ab. Der Zeitpunkt ist günstig. Vor dem Wächterhaus steht ein Lieferwagen von der Wäscherei. Die Hecktür ist nicht versperrt. Also nichts wie rein! Niemand scheint etwas gemerkt zu haben. Der Lieferwagen verlässt das Gefängnisareal. Fährt Richtung Stadt. Beim nächsten Stopp springe ich raus. Und bin wieder in Freiheit! Ich frage mich bis zur Lerchengasse durch.

Und dann endlich: das Wiedersehen mit Bodo! Der flippt aus vor Freude – genau wie ich.

Dieses Bild kommt in Großaufnahme!

Mein Ball

Später Vormittag. Wir wollen zu Hermann. Verlassen eben den Aufzug. Da hör ich vorm Haustor ein Geräusch. Hört sich eindeutig wie ein Skateboard an. Ritchie!, schießt es mir durch den Kopf. Er sucht mich sicher. Ich ziehe an der Leine, so stark ich nur kann. Als wir um die Ecke biegen, kommt tatsächlich Ritchie auf seinem Skateboard daher. Mit viel Schwung, zu viel Schwung. Er kann nicht mehr bremsen und stößt mit dem Professor zusammen.

„Vorsicht, junger Mann. So pass doch auf! Du kannst doch nicht wildfremde Leute anfahren!" Der Professor regt sich auf. So kenne ich ihn gar nicht.

„Immer cool bleiben, Opa!", sagt Ritchie und wendet sich gleich an mich: „Hab ich dich endlich gefunden!"

Ich belle und springe an Ritchie hoch. Drehe vor Freude fast durch.

Der Professor kennt sich gar nicht mehr aus.

„Woher kennst du denn meinen Hund?"

„Vom Tierheim. Er ist mein Freund", sagt Ritchie. „Was dagegen?"

„Nicht frech werden, Bürschchen!", antwortet der Professor. „Der Ton macht die Musik."

Ton hin, Ton her. Ritchie hat keine Zeit, sich mit meinem Herrchen zu streiten.

„Tschuldigung. Ich bin Ritchie“, lenkt er auch sofort ein. „Ich habe etwas für Bodo.“

Er holt meinen Tennisball heraus und hält ihn mir unter die Nase. Ich fasse den Ball, doch Ritchie lässt ihn nicht los und ich knurre ganz gefährlich. Das ist unser Spiel. So geht es eine Weile. Doch plötzlich hab ich ihn ausgetrickst und ihm den Ball abgeluchst. Ich mag dieses Spiel!

„Okay, du hast gewonnen!“ Ritchie lacht. Dann schnappt er sein Brett und sagt: „Tschüs, Bodo! Hab noch was vor.“ Und schon ist er abgeschwirrt.

Ich lege den Ball dem Professor zu Füßen und schaue ihn erwartungsvoll an.

Jetzt bist du dran! Komm, wirf mir den Ball! Der Professor will aber nicht spielen.

„Nein Bodo, nimm deinen Ball und komm! Wir gehen jetzt zu Hermann.“

Kein Spielchen? Ich bin enttäuscht? Den Ball einfach nur im Maul herumtragen? Das interessiert mich nicht! Nimm du ihn! Bewahr du ihn für mich auf! So hat das auch Ritchie gemacht.

„Also, ich nehm diesen Sabberball sicher nicht mit!“, sagt der Professor zu mir. Mit spitzen Fingern hebt er ihn auf. Überlegt kurz. Dann sperrt er ihn in unser Postkästchen.

Der Briefträger wird sich wundern!

Wir gehen in die Buchhandlung. Bin gespannt, ob Hermann sich schon für einen Hundekollegen vom Tierheim entschieden hat.

Kaum haben wir den Laden betreten, kommt ein Dackel mit fliegenden Ohren und Freudengebell angestürmt und stürzt sich begeistert auf mich. Ich kann mich kaum erwehren. Vom Tierheim kenne ich den Racker nicht. Doch ich lasse ihn gewähren. Hermanns Hund darf das!

„Wenzel, Platz!“, ruft da Fräulein Prinz und erzählt gleich darauf dem Professor, dass sie den Dackel ihrer Mutter eine Weile in Pflege hat.

Dann wird der auch bei Fräulein Prinz wohnen, schießt es mir durch den Kopf – inmitten der herrlichen Gerüche, inmitten der schönen Musik. Das ist mir überhaupt nicht recht. Ich bin zutiefst beunruhigt.

Als wir zurückkommen, treffen wir Lorenz im Stiegenhaus. Er bringt Futternachschub. Wie immer hat er nicht viel Zeit und ist ziemlich kurz angebunden.

Ich bleibe bei unserem Postkästchen stehen und warte auf die Entleerung. Der Professor will mich weiterziehen, doch ich rühr mich nicht vom Fleck.

„So komm schon, Vater!“ Lorenz ist schon ganz ungeduldig.

Ich belle das Postkästchen an. Endlich fällt bei meinem Professor der Groschen. Ich bekomme meinen Ball!

Wenzel

Dieser Dackel ist leider immer noch da. Ich hoffe, er zischt bald ab! Wenn der wüsste, wie er mich nervt!

Außerdem tut es mir in der Seele weh, dass Fräulein Prinz ihn bekocht. Der ist ja gar kein Feinschmecker! Qualität ist dem doch schnurzegal!

Dieser Hund passt einfach nicht zu Fräulein Prinz. Auch nicht in Sachen Musik. Der ist doch bis in seine krummen Knochen hinein total unmusikalisch. Zum Beispiel gestern: Da spielt Fräulein Prinz die Mondscheinsonate. Sehr innig. Und was tut der Dackel? Er jault nur laut. Ein Trauerspiel. Und dann versucht er wie verrückt den Teppich umzugraben; glaubt wohl, dort hat sich eine Maus versteckt. Dabei hat er kurz zuvor selber dort einen Keks deponiert – erzählt uns Fräulein Prinz lachend. In seinem Oberstübchen laufen wahrscheinlich nur zwei Programme: sich den Bauch voll schlagen und lästig sein. Dazwischen ist gähnende Leere.

Ausflüge

Bei schönem Wetter wandern wir durch die Weingärten nahe der Stadt. Ich genieße diese Ausflüge sehr und dem Professor tun sie auch gut. Er trifft viele Leute. Hundegänger wie er. Sie plaudern ein bisschen. Erst nur über Hunde, dann auch über anderes. Mit der Zeit werden aus Leuten Bekannte.

Ich mache mich natürlich mit den Hunden bekannt. Hier zählt der Schnupperkontakt und danach heißts zum Beispiel:

Ich kann dich gut riechen!
Du bist nicht mein Fall!
Bleib mir vom Leibe!
Bis bald, meine Süße!
Geh mir aus dem Weg!

Da ist Aida. Eine Spaniel-Dame. Schwarz-weiß. Immer sorgsam gebürstet. Sie läuft frei bei Fuß. Trägt die Leine im Maul. Ein kreuzbraves Hundemädchen.

Ganz anders der Mischlingshund Bernie, ein Riese, ein echter Kraftlackel. Mit Nahkampfgebiss. Ihm weiche ich aus. Er ist mir nicht ganz geheuer.

Hubertus, der Beagle, ist schon zwölf Jahre alt und etwas kurzatmig. Hat einen kleinen Herzfehler. Bei Regen trägt er Trachtenlook. Genau wie sein stämmiges Frauchen.

Dann ist da noch Fifi, eine weiße Spitzin, ein richtiges Kuscheltierchen. Zartes Schnäuzchen, weicher Flaum. Verdreht uns allen den Kopf.

Auf dem Heimweg kehrt der Professor gern ein.

Meistens beim Hauermandl. Der Haushund dort heißt Käpt'n Bill. Semmelblond und großes Maul. Gibt vor Fremden recht an und macht auf Reserve-Löwe.

Der Professor bestellt eine Jausenplatte für sich und für mich eine dicke Knackwurst. In Scheiben geschnitten, versteht sich von selbst. Und für beide was gegen den Durst.

Die anderen Gäste ziehen den Professor gern ins Gespräch. Reden übers Wetter, über Politik und die schlechten Zeiten.

Schlechte Zeiten?, geht es mir durch den Kopf Die sind für mich vorbei. Für mich könnte es nicht besser sein. Da hat Simba wirklich Recht behalten.

Mein Lager

Seit ich hier beim Professor bin, spiele ich jeden Abend mein Spielchen. Ich rolle mich auf der Truhe ein und stelle mich erst einmal schlafend. Wenn das Licht ausgeht, warte ich noch ab, bis der Professor schnarcht.

Erst dann trete ich mir auf meiner Hälfte des Bettes ein Schlafnest aus und passe mich seinem

Schnarch-Rhythmus an. Sicher gibt das ein schönes Duett!

Bisher ist er mir noch nicht auf die Schliche gekommen. Wie sollte er auch? Vor dem Einschlafen sieht er mich auf der Truhe, beim Aufstehen im Vorzimmerkorb.

Doch heute Nacht hat er mich ertappt, sozusagen auf frischer Tat. Ich hab gerade von Amigo geträumt und mit ihm um die Wette geheult. Da hör ich die Stimme vom Professor: „Was soll denn das, Bodo?"

Ich schrecke aus den Schlaf – Amigo ist fort und vergessen. Da ist nur mein Professor. Er hat die Nachttischlampe angeknipst und sieht mich erstaunt neben sich. Was wird er jetzt tun? Wird er mich vertreiben? Ich bin auf alles gefasst! Doch es gibt keinen Krach, kein Donnerwetter. Nicht einmal ein Murren.

„Du hast es ja faustdick hinter den Ohren!" Der Professor knipst kopfschüttelnd das Licht wieder aus und schläft weiter. Das heißt also: Ich darf bleiben!

Seit heute früh liegt auf meiner Betthälfte eine karierte Decke. Das ist eine freundliche Einladung für den Mitschläfer und Mitschnarcher.

Den Hundekorb im Vorzimmer verwende ich weiter als Lager; nicht mehr für meine eigenen müden Knochen, sondern nur noch für meine Kauknochen.

Das Foto

Seit Ritchie weiß, wo ich wohne, kommt er manchmal bei uns vorbei und hinterlegt mir etwas. Eine Quietschpuppe, ein paar Knabberstäbchen oder ein Schlemmerchen. Er lässt sich jedoch nie blicken. Ich glaube, er traut sich nicht läuten.

Heute Nachmittag höre ich seine Schritte. Na endlich! Ich schlage an.

Der Professor kommt und öffnet die Tür.

„Ach Ritchie!“, sagt er dann. „Übertreibst du nicht ein wenig mit deinen Geschenken?“

„Keine Panik auf der Titanic!“, antwortet Ritchie. „Ich tu das für Bodo!“

Ich will, dass er in die Wohnung kommt, und lege mich als Köder aus. Hier. Zwischen Tür und Angel. Ich wälze mich auf den Rücken und lass mich von Ritchie kraulen.

Da hat der Professor endlich kapiert: „Also, komm schon rein!“

„Okey-dokey!“ Ritchie freut sich und ist schon im großen Zimmer.

„Wer ist denn das?“, fragt er erstaunt und zeigt auf das Foto überm Schreibtisch. „Das könnte ja ich mit Bodo sein.“

„Das bin aber ich. Mit Oskar! Das war mein erster Schnauzer. Da war ich so alt wie du.“

„Zwölf?“, fragt Ritchie erstaunt und lacht. „He, Mann, das ist echt steil!“

„Hör zu! Du kannst Bodo gerne sehen, wenn du möchtest", sagt der Professor. „Aber gib dein Geld nicht für Geschenke aus!"

„Nur kein Stress!", wehrt Ritchie ab. „Meine Leute haben Geld wie Heu. Da fällt genug für mich ab."

Ritchie spielt dann noch eine Weile mit mir, doch er ist nicht recht bei der Sache.

Ganz plötzlich springt er auf: „Ich muss jetzt gehen! Ich komme ein andermal wieder."

Und schon ist er abgezischt.

Das Fest

Heute Abend steigt ein kleines Fest. Bei Fräulein Prinz. Punkt acht. Mit Hausmusik und feinem Schmaus. Und das Beste: Wir sind eingeladen. Ich freue mich darauf. Meine Freude wird nur durch Wenzel, den jungen Dackel, getrübt. Ich hoffe, dieser Pflegehund wird vorher noch abgeholt.

Der Professor ist noch unschlüssig. Soll er Blumen oder etwas Süßes beisteuern? Er kauft dann beides.

Die Zeit bis zum Fest nützt er, um an seinem Buch zu schreiben. Ich liege im Vorzimmer rum und erschnuppere, was uns erwartet. Denn drüben wird schon gekocht und gebrutzelt, gebraten und gebacken. Ich genieße die Düfte, die herüberziehen, und fange zu träumen an:

Wie von Geisterhand wird die Tür geöffnet. Herein

kommt der Dackel. Er fletscht die Zähne. Knurrt mich an. Das Krummbein sucht Streit. Ein Kräfte zehrender Kampf beginnt. Doch nach einigen Minuten gewinne ich die Oberpfote. Ich greife mir den Rinderknochen und ziehe dem Dackel eins über. Augenblicklich sackt er zusammen. Rührt sich nicht mehr. Eine Turmuhr schlägt gerade zehn.

Da schrecke ich auf. Mir schießt durch den Kopf: Ich, Bodo von Bellheim, ein Mörder? Ich bin entsetzt und schaue mich um. Und merke, dass ich allein, bin. War denn das Ganze nur ein Hirngespinst? Ich bin verwirrt. Jetzt hilft nur eins: die Nähe vom Professor!

Ich laufe zu ihm hinüber. Er sitzt auf dem Sofa und liest die Zeitung. Ich kuschle mich ganz eng an ihn.

„Na, Bodo? Schlecht geträumt?“ Er streichelt mich. Endlich beruhige ich mich.

Schließlich ist es so weit. Der Professor nimmt die Blumen aus dem Wasser. Ich nehme den Henkel des Konfekt-Körbchens ins Maul. Das mache ich sehr geschickt! Vielleicht fällt was für mich ab!

Mein Einzug macht Eindruck bei allen Damen: „Ach, schaut, ist der süß!“

Die Herren überspielen es. Witzeln ein bisschen. Verkraften nicht, dass ich Mittelpunkt bin. Mann ist Mann. So einfach ist das!

Auch Fräulein Prinz ist hingerissen.

„Wie originell!“, sagt sie zum Professor und strahlt ihn an. Mein alter Herr ist geschmeichelt.

Auf einmal höre ich heftiges Winseln. Es kommt aus dem Nebenzimmer.

„Jetzt hab ich doch ganz auf den Wenzel vergessen!“

Fräulein Prinz öffnet die Tür. Und heraus schießt der Dackel. Im Schweinsgalopp. Mit einem Flackern im Blick, als wäre der Höllenhund hinter ihm her.

Er rennt kreuz und quer zwischen all den Gästen herum. Als er mich entdeckt, startet er ein Freudengebell. Schon steht er vor mir. Ein Schnapp! Er fasst mein Körbchen. Ich gebe es nicht her. Warum sollte ich? Wenzel gibt auch nicht nach. Wir knurren uns beide böse an und rollen wild die Augen.

Da fällt mir mein Traum wieder ein. Augenblicklich lasse ich los. Will beweisen, dass ich auch anders kann, und lasse Wenzel gewinnen.

Im Pfotenumdrehen ist das Körbchen zerfetzt. Ganze Arbeit geleistet, Wenzel! Die Pralinen teilen wir unter uns auf. Tut mir Leid für dich, Prinzessin!

Der Abend ist lang. Dem Professor gefällt es unter den jungen Leuten. Er blüht richtig auf. Und schläft auch nicht ein, als der Musikteil beginnt.

Fräulein Prinz spielt Klavier, ein kleiner Mann Geige, ein anderer Querflöte. Eine Frau spielt Cello. Und Wenzel und ich, wir liegen unter dem Flügel. Er knabbert nicht die Pedale an. Versteckt keinen Keks unterm Teppich. Überlässt sich der Klangwolke über uns. Er nimmt sich ein Beispiel an mir.

Da keimt leise Zuneigung in mir auf. Für Wenzel, den jungen Dackel. Ich wehre mich nicht dagegen. Lange bleibt er ja nicht mehr hier!

Papa – einmal so und einmal so

Der Nachmittag mit Papa dauert nicht lang. Wie ichs vorausgesehen hab, ruft er kurz vorher an und bittet mich, ins kleine Café zu kommen.

Ich glaube, er freut sich schon über das Wiedersehen. Aber er ist zerstreut. Schaut ständig auf die Uhr, als hätte er noch einen anderen Termin. Ob er morgen zum Match kommt? Nein, sagt er, das ginge leider nicht. Er müsse arbeiten. Aber er schlägt mir vor, mit ihm in den Ferien zu Oma zu fahren.

Klingt wie ein Trostpreis! Als ich ihm sein Geschenk überreiche, will er es erst gar nicht auspacken. Tuts dann aber doch. Ich weiß nicht, ob er sich freut. Er kanns nicht so zeigen wie Bodo. Nach einer Stunde zahlt er und will gehen. Um ein Haar hätte er den Schlüsselanhänger liegen lassen.

Ich bin total enttäuscht. Insgeheim habe ich gehofft, dass wir noch ins Kino gehen. Oder in den Zoo. Da waren wir auch schon lange nicht.

„Kopf hoch!“, sagt Papa zum Abschied. „Vielleicht kann ich mich morgen doch frei machen. Wann ist dein Match?“

„Um drei!“

„Ich werde schauen, was sich machen lässt. Vielleicht kann ich mit einem Kollegen den Dienst tauschen“, sagt er und strubbelt mir die Haare durcheinander. „Also dann, machs gut!“

Für den Heimweg wähle ich einen Schleichweg. Ich will niemandem begegnen, niemanden sehen. Ich bin auch erleichtert, dass keiner zu Hause ist, als ich ankomme. Ich werfe mich vor die Glotze und grolle. Zappe kreuz und quer durch die Kanäle und kann mich für kein Programm entscheiden. Irgendwann lande ich bei einem Katastrophenfilm. Der ist so schrecklich, dass ich mir vor lauter Aufregung alle Fingernägel abbeiße.

Und dann taucht Papa am Sonntag doch zum Match auf. Ich habe überhaupt nicht mehr mit ihm gerechnet. Er hat die Krawatte mit den kleinen Kamelen umgebunden, die ich ihm letzte Weihnachten geschenkt hab. Er ist schon eine halbe Stunde vor dem Anpfiff da. Meine Enttäuschung vom Vortag ist verflogen. Er ist da! Das ist alles, was zählt. Hat sich extra freigenommen, um mein Spiel zu sehen. Das baut mich echt auf. Ich lege mich von Anfang an mordsmäßig ins Zeug und erziele den Führungstreffer. Noch vor der Pause. In der zweiten Hälfte reicht es zwar zu keinem Tor mehr, aber ich vergebe keinen einzigen Pass. Das Match endet 1:1. Unser Turnlehrer nimmt es gelassen.

„Besser ein Unentschieden als zu verlieren“, meint er. Und er lobt mich wieder vor der ganzen Mannschaft.

Papa hat noch Zeit und lädt mich ein. Auf dem Weg zum Parkplatz steht plötzlich Niki vor mir.

„Du Albert, das ist der mit dem Snauzer!“, sagt er zu seinem Begleiter und zu mir: „Kann ich ein Autogramm haben?“

Ich habe noch nie in meinem Leben ein Autogramm gegeben. Und habe auch nichts zum Schreiben bei mir. Doch da zieht Albert schon einen kleinen Block heraus und Papa zückt einen Kugelschreiber. Gleich darauf gebe ich mein erstes Autogramm.

Niki strahlt übers ganze Gesicht. „Das ist mein erstes Autogramm“, sagt er stolz, „und ich werde es Simone zeigen und Sowidu und Papa und Mama und ...“

„Na hallo, brems dich wieder ein, Niki!“, unterbricht Albert den Redeschwall seines kleinen Bruders und klopft mir auf die Schulter: „Gut gespielt, Sportsfreund! Alle Achtung!“

Während Albert seinen Bruder dann zu ein paar Spielern aus der Parallelklasse zieht, will Papa wissen, wie es mir in der Schule geht.

„Geht so!“, sage ich ausweichend.

„Sönen Gruß von der Simone!“, ruft mir Niki nach.

„Simone? Ist das deine Freundin?“

„Vielleicht.“ Und um eine erneute Frage nach meinen schulischen Leistungen abzublocken, erzähle ich ihm von Simone, von Bodo und vom Professor.

Wir fahren schon eine Weile dahin, als ich merke, dass wir zum Friedhof einbiegen. Papa kauft ein Grablicht und Blumen und wir gehen zu Mamas Grab. Er zündet das Licht an, steckt die Blumen in die Vase und dann stehen wir schweigend nebeneinander. Papa legt mir die Hand auf die Schulter und während wir so dastehen, wird seine Hand immer schwerer.

Nach einer Weile seufzt er, schnäuzt sich und wir gehen dem Ausgang zu.

„Wir müssen nicht unbedingt zu Oma fahren in den Ferien", sagt er unvermittelt. „Wir könnten auch einmal richtig Urlaub machen. Zum Beispiel am Meer. Nur du und ich."

Mir bleibt der Mund offen vor Staunen. „Nur wir zwei?"

„Ja, nur wir zwei. Das wär doch was!"

„Und deine Freundin?", frage ich vorsichtig. Bisher hat er doch immer mit ihr Urlaub gemacht. Da war mein Typ nicht gefragt.

„Wir haben uns getrennt. Endgültig! Ist besser so. Für alle Beteiligten!"

Für mich auf jeden Fall! Da könnte ich ja vielleicht wieder zu ihm ziehen? „Willst du immer noch eine größere Wohnung?"

„Nein, eigentlich fühle ich mich in der alten recht wohl", sagt er.

„Und ... krieg ich wieder ... mein Zimmer?" Das hat die Tussi damals okkupiert. Wollte es für sich haben. Alle meine Sachen sind im Keller gelandet. Vorübergehend, wie Papa sagte. „Da könnte ich dich wieder öfter besuchen."

„Ja, das werden wir im Sommer wieder einrichten. So wie du es dir vorstellst."

Die Möbel sind mir nicht wichtig. Nur eines ist mir wichtig: Dass da auch ein Schlafplatz für Bodo ist, falls ich ihn einmal mitnehmen darf. Eine alte Matratze und eine Decke. Für den Rest sorge ich schon.

Schlechte Tage

Natürlich gibts nicht nur gute Tage. Manchmal klappt so überhaupt nichts. Da ist der Professor müde und schweigsam. Da tut ihm alles weh. An solchen Tagen rasiert er sich nicht und macht nur Katzenwäsche. Tut, als wär er allein auf der Welt, und lässt sich völlig gehen.

Das sind die Tage, an denen ich sogar ums Futter, ums Fortgehen betteln muss. Doch selbst ist der Hund, schließlich bin ich weder Hunger- noch Blasenkünstler. Ich nehme den Fressnapf zwischen die Zähne und lasse ihn vor ihm fallen, direkt auf seine Zehen. Muss ich runter, heule ich wie ein Wolf. Lang gezogen wie Amigo.

Ein Glück, dass manchmal Ritchie kommt. Für uns einkaufen geht und mich mitnimmt. Zu einem längeren Auslauf im Park. Und Fertiggerichte heiß macht.

Diesmal geht das schon eine Weile so. Eine knappe Woche.

Als Frau Swoboda dann am Freitag kommt, trifft sie fast der Schlag.

„Wie schaut es denn hier aus, Herr Professor? Das ist ja ... Wahnsinn."

Natürlich übertreibt die Frau. Nur die Küche, die ist ein Saustall. Das Geschirr nicht gespült. Verkrustete Essensreste auf Tellern und in der Pfanne. Ein Glas zerbrochen, die Scherben noch auf dem Boden. Die Milch übergegangen. Es stinkt wirklich gewaltig.

An diesem Tag kommt auch Lorenz vorbei. Frau Swoboda hat ihn gerufen.

„Warum hast du mir denn nicht Bescheid gesagt, Vater?", meint er vorwurfsvoll. „Wenn du krank bist, brauchst du einen Arzt und jemanden, der dich pflegt."

„Ich bin nicht krank", sagt der Professor. „Ich bin nur schrecklich müde. Und manchmal etwas schwindlig. Das gibt sich bald wieder, Lorenz."

Frau Swoboda bringt die Küche in Ordnung und schimpft leise vor sich hin. Ich gehe ihr besser aus dem Weg, sonst sieht sie wieder rot.

Im Wohnzimmer redet Lorenz dann auf seinen Vater ein: „Ich hätte den Hund nicht holen sollen. Er ist nur eine Belastung. Ich bring ihn am besten ins Tierheim zurück."

Oh, oh! Böses Wort! Ich verkrieche mich.

„Dir wird alles zu viel! Vater, sieh das doch ein! An deiner Stelle würde ich in ein Seniorenheim ziehen. Dort hättest du alles, was du brauchst. Überleg dir doch meinen Vorschlag!"

„Damit wir uns richtig verstehen, Lorenz: Ich gehe nicht ins Heim. Und Bodo bleibt hier bei mir."

Ich krieche aus meinem Versteck hervor, setz mich nahe zu meinem Herrchen.

Bravo, Professor! Wir schaffen das schon. Wir zwei miteinander. Und – Ritchie!

Auf der Zeitinsel

„Ihr Hund ist die beste Medizin!", hat der Arzt zum Professor gesagt. „Gehen Sie oft an die frische Luft! Machen Sie mehr Bewegung!"

Der Professor hat sich diesen Rat sehr zu Herzen genommen. Also gehen wir wieder mehr spazieren. Und es tut uns beiden gut.

Heute wollen wir die alte Dame besuchen, warten eben auf den Bus. Da taucht unerwartet Ritchie auf, ohne Rollbrett, steigt mit uns ein und fährt bis zur Endstation mit.

Auf dem Weg zum Haus darf ich wieder frei laufen und nütze das redlich aus. Ritchie wirft mir Stöckchen. Ich jage ihnen nach und bringe manche zurück. Manche lasse ich einfach liegen.

Dann stehen wir vor dem Gartentor.

„Das Tor klemmt leider immer noch", ruft die Schwester des Professors, als sie uns entgegenkommt.

„Ich warte draußen", meint Ritchie etwas verlegen.

„Aber nein! Komm mit herein!", fordert ihn die Schwester auf und führt uns ins Haus. Nun reagiert auch der Professor.

„Das ist Ritchie", stellt er den Jungen vor. „Er ist ein Freund von Bodo."

Als er die Tür zum Zimmer seiner Mutter öffnet, laufe ich gleich auf die Dame zu. Sie sitzt im Ohrensessel. Artig setze ich mich vor sie hin. Lege meinen Kopf auf ihr Knie.

„Oskar, Schätzchen!", ruft sie überrascht und streichelt mir den Kopf. Dann hält sie mir ein paar Erdnüsse hin. Auf der flachen Hand, die leicht zittert. Ich fresse ganz manierlich, auch wenn ich nicht Oskar bin.

Als sie Ritchie im Hintergrund erblickt, flüstert sie: „Ferdinand!" Steht auf und geht auf ihn zu. „Bist du endlich zu mir gekommen!"

Ritchie dreht sich nach Ferdinand um, der so herzlich empfangen wird. Schon steht die alte Dame vor ihm. Zerbrechlich, ein Federgewicht. Und breitet weit ihre Arme aus. „Mein Ferdinand! Diese Freude!" Und dann umarmt sie Ritchie. Der steht stocksteif da. Schaut uns hilflos an.

„Sie glaubt, du bist ich als Kind – du weißt schon das Foto!", flüstert ihm der Professor zu.

Langsam begreift auch Ritchie. Zögernd und voller Scheu erwidert er die Umarmung.

Die alte Dame zieht ihn mit sich zur Couch. Lässt seine Hand nicht mehr los.

Der Professor steckt Ritchie verstohlen ein Päckchen für seine Mutter zu.

„Oh, meine Lieblingspralinen!“ Sofort öffnet sie die Packung.

„Komm, nimm dir eine! Und gib auch Oskar eine!“

Die Praline lasse ich mir nicht entgehen. Vom Professor bekomme ich nie etwas Süßes.

„Mir kommt vor, Oskar hat etwas zugenommen“, sagt die Dame plötzlich.

Da schlucke ich das Pralinchen hinunter. Ganz schnell. Sicher ist sicher.

„Erzähl mir, was du gerade liest!“, will die Dame von Ritchie wissen.

Ritchie schnappt nach Luft. Dann fällt ihm doch etwas ein.

„Wolfsblut!“, sagt er. „Das Buch habe ich schon zweimal gelesen. Und den Film hab ich auch gesehen.“ Begeistert erzählt er davon.

Nach einer Weile meint der Professor: „Es wird langsam Zeit zu gehen.“ Und legt seiner Mutter die Hand auf die Schulter.

„Entführst du ihn mir schon wieder, Hans?“, sagt sie lächelnd. Jetzt ist der Professor Hans, ihr verstorbener Mann. So schnell geht das auf der Zeitinsel.

Zum Abschied umarmt sie Ritchie. Krault mich hinterm Ohr. Und sagt zum Professor: „Das war wunderschön. Ich danke dir, Hans, dass du mir die beiden gebracht hast.“

Tratsch-Klatsch

Es läutet an der Wohnungstür. Frau Swoboda! Kein Zweifel! Ich erkenne sie am Geschnaufe. Und verbelle sie erst einmal.

Kaum steht sie in der offenen Tür, legt sie auch sofort los: „Haben S' schon das Neueste gehört? Sie hat sich verlobt, Herr Professor!"

„Wer hat sich verlobt, Frau Swoboda?" Der Professor kennt sich nicht aus.

„Ihre Nachbarin. Das Fräulein Prinz. Und ihr Verlobter wohnt auch schon bei ihr."

„Das freut mich für sie", sagt der Professor. „Noch was, Frau Swoboda?"

„Die Frau von Tür sieben hat sich beschwert, weil Ihr Hund gestern so laut gebellt hat."

„Wir waren gestern gar nicht zu Hause. Das muss ein Irrtum sein."

„Dann wirds das Hunderl von Ihrer Nachbarin gewesen sein. Sie dürfen die Frau von Nummer sieben nicht ernst nehmen, Herr Professor! Die regt sich ständig über was auf. Ist richtig unangenehm!" Dann neigt sie sich zu mir herunter und sagt scheinheilig: „Braver Bello!"

Ich knurre leise, um sie zu warnen. Ich will nicht von jemandem gestreichelt werden, der sich nicht einmal meinen Namen merken kann.

„Du bist aber kein liebes Hunderl nicht!", fährt sie mich an. „Nix für ungut, Herr Professor!"

„Auf Wiedersehen, Frau Swoboda!“ Endlich dampft sie ab.

Was hat sie gesagt? Fräulein Prinz verlobt? Der Verlobte wohnt schon bei ihr? Wahrscheinlich wars eine Geheimaktion. Gestern Abend. Bei Nacht und Nebel.

Prinzessin, wenn das wahr ist, dann bin ich sehr enttäuscht. Ein Verlobter? Wer braucht denn den?!

Ein tapferer Hund

Eine neue Partei zieht in unser Haus. Demnächst, sagt Frau Swoboda. Die Leute von der Spedition schleppen schon Kisten hinauf. Und Möbel und Lampen und was man so braucht. Hinauf in den dritten Stock.

„Die Herrschaften kommen erst in ein paar Tagen“, informiert uns die Swoboda. „Sie heißen Weinländer, Herr Professor, und haben zwei sehr nette Kinder. Ich habe ein Foto von ihnen gesehen. Sie haben auch eine Katze. Ein Prachtstück von einer Katze.“

Was die alles weiß! Ob das wirklich stimmt? Eine Katze? Muss ich nicht haben!

Am Nachmittag habe ich Tierarzttermin. Meine jährliche Impfung ist fällig. Der Professor achtet auf solche Dinge. Auch Otto hat drauf geachtet. Er brachte mich immer zu einem Arzt ans andere Ende der Stadt.

Der Professor bringt mich zu einer Ärztin, gleich hier bei uns um die Ecke.

Im Wartezimmer warten schon einige Leute. Alle mit einer Katze. Was ist heute los? Ist Katzentag? Wo sind die Hundekollegen?

Wir kommen bald dran. Ich muss auf den großen Behandlungstisch. Die Ärztin ist freundlich. Ruckzuck hat sie mich schon geimpft und lobt: „Ein Musterhund!“ Zum Dank dafür lecke ihr kurz einmal über die Hand.

Nachher gibts ein Häppchen aus dem großen Topf. Das gibts nur für tapfere Hunde! Und sicher nicht für Katzen, weil die doch bei jeder Impfung ein Riesentheater machen. Ich habs bis ins Wartezimmer gehört. Das Maunzen, Klagen und Schreien. Ein Mann hat danach gemeint: „Katzen sind so besonders empfindsam.“

Ich glaub ich hör nicht richtig. Sagte der Mann empfindsam? Von wegen empfindsam, wehleidig sind sie. Und deshalb kriegen sie auch keine Häppchen.

Albert

Es war also doch nicht nur Klatsch und Tratsch. Den Verlobten von der Prinzessin gibts wirklich! Es ist der Querflötenspieler. Er heißt Albert, ist Student und wohnt nun uns gegenüber. Ich hätte ihn ja gern ignoriert, aber er hat beim Fest ein Hühnerbrüstchen zu mir herüberwachsen lassen. Er gab es mir und nicht dem Wenzel. Und das rechne ich ihm natürlich hoch an! Da wusste ich allerdings noch nicht, dass aus ihm ein Verlobter wird. Ich hielt ihn für einen Pflegemann, der irgendwann wieder abzischt, so ähnlich wie Wenzel, der Pflegehund, der ja auch bald wieder verduftet.

Obwohl ich mich dagegen wehre, mag ich diesen Albert. Er bleibt immer stehen, wenn er uns sieht, und plaudert mit dem Professor. Außerdem arbeitet er stundenweise für Hermann, er macht ihm die Buchhaltung. Ansonsten büffelt er zu Hause für irgendeine Prüfung. Spielt Fräulein Prinz am Abend Klavier, begleitet er sie auf der Querflöte. Und ich begleite die beiden mit Jaul- und Winseltönen, auch wenn sie das nicht wissen.

Albert hat ein Motorrad, ein altes schwarzes. Das hats Wenzel angetan. Für ihn ist es ein schwarzer Hund, ein großer schneller Flitzer, dem jagt er gerne nach. Weil Wenzel im Kopf nicht allzu hell ist, hält er jedes Motorrad für das von Albert, auch wenn es rot oder blau ist.

Begegnungen

Bei einem Besuch in der Buchhandlung treffe ich Fifi wieder. Fifi von Elfenheim, die weiße Spitzin. Ich habe sie nicht vergessen. Bisher hab ich sie ja nur bei Ausflügen in den Weingärten nahe der Stadt getroffen. Doch nun liegt sie da, so flauschig und schön. Ihr Herrchen ist oben bei Hermann.

Ich bin ganz hingerissen von Fifi. Nähere mich vorsichtig. Auch sie scheint interessiert zu sein, will spielen und Küsschen geben.

Wir sind gerade mitten in der zärtlichsten Balgerei, da funkt ihr Herrchen dazwischen. Hebt sie hoch – ich seh sie entschweben – und trägt sie hinaus.

Und ich? Ich bleibe allein.

Sie sind noch keine Minute draußen, da kommt Fräulein Prinz. Mit Wenzel. Der sieht mich und will sofort spielen. Stupst mich stürmisch und wild mit der Schnauze.

He, Wenzel, was soll das? Lass mich Ruhe! Ich will die Spitzin noch nicht so schnell aus meinen Gedanken verlieren.

Doch was kümmert das einen jungen Hund! Der versteht das ja alles noch nicht! Er will mich nur nerven, zwicken und beißen. Und meinen Schnauzbart anknabbern.

Ich bin total geschafft! Eine Stunde mit diesem Wenzel raubt mir alle meine Kräfte. Das geht sogar an meine Reserven.

Wir warten im Erdgeschoß auf den Lift. Die Stiegen würde ich nicht mehr schaffen! Da steigen gerade eine unbekannte Frau und zwei Kinder aus dem Lift.

„Schau, Mama, ein Hund!“, sagt eines der Kinder und fragt den Professor: „Wie heißt er denn?“

„Bodo heißt er. Bodo von Bellheim. Und wie heißt ihr?“

„Ich bin die Nina“, sagt das Mädchen.

„Und ich der Tom“, der Junge.

„Guten Tag, Weinländer“, stellt sich nun auch die Frau vor. „Wir wohnen im dritten Stock. Wir sind erst gestern hier eingezogen.“

„Gestatten, Maydan!“, sagt der Professor. „Wir wohnen direkt unter Ihnen.“

„Ich hoffe auf gute Nachbarschaft.“ Frau Weinländer lächelt ihn an.

„Das wünsch ich mir auch“, sagt der Professor. „Einen schönen Tag noch!“

Beim Weggehen höre ich Nina flüstern: „Mama, ist Bodo ein Mops?“

Ich und ein Mops? Ich hör wohl nicht recht! Ich bin doch kein Schoßhund, Nina!

Die Mutter berichtigt jedoch sofort: „Nein, das ist ein Schnauzer, mein Schatz!“

Die Frau weiß Bescheid. Ich bin beruhigt.

Schlupflöcher

Lückenlos war der Hausarrest nicht einzuhalten. Papa und Fussball waren zum Glück ausgenommen. Und ein paar Schlupflöcher lassen sich immer finden.

Das Wiedersehen mit Bodo konnte und wollte ich nicht aufschieben. So düste ich bei der nächsten Gelegenheit in die Lerchengasse. Gleich nach Unterrichtsschluss. Vor dem Mittagessen.

Meine Herren, war das schön, Bodo wieder zu

sehen! Fast durchgedreht ist er vor Freude, als er mich sah. Sprang jaulend an mir hoch, als wollte er mir alles erzählen, was in der Zwischenzeit passiert ist. Der Professor stand nur daneben und sagte streng: „Aus, Bodo, aus!“ Aber Bodo hat sich nicht um sein Kommando geschert. Oder hat es gar nicht gehört. So aufgeregt war er. Ich gab ihm dann seinen Ball und er hat sich sofort an unser Spiel erinnert. Nahm den Ball zwischen die Zähne und verteidigte ihn knurrend, als ich ihn wiederhaben wollte.

Der Professor war nicht so begeistert. War ja ein Pech, dass ich gleich in ihn hineingekracht bin. Aber er hat mitgekriegt, dass Bodo und ich Freunde sind. Mit dieser Tatsache wird er leben müssen.

Ich bin dann auch gleich wieder abgezwitschert, damit es zu Hause keinen Stunk gibt.

In der Woche drauf hab ich öfter bei Bodo vorbeigeschaut. Immer nach Unterrichtsschluss. Hab ihm jedes Mal etwas hinterlegt. Sachen, die er gern mag. Sollte der Professor ruhig rätseln, von wem die Geschenke sind.

Eigentlich hab ich mir den ganz anders vorgestellt. Eben so wie auf meiner Zeichnung: einen Greis mit Krückstock. Und das ist er nun wirklich nicht. Er ist ein älterer Mann, das schon, aber sichtlich noch recht unternehmungslustig. Weil er mittags nie zu Hause ist. Also kein Stubenhocker! Das ist ja schon was.

Nur einmal, hat er mich ertappt, als ich etwas hinterlegen wollte. Natürlich nur, weil Bodo mich erschnuppert und angeschlagen hat. Der Professor hat mich dann sogar in die Wohnung gebeten. Und was sehen meine müden Augen da? Ein Foto von Bodo und mir. Mitten auf dem Schreibtisch. Ich denk, mich laust der Affe! Natürlich wars ein Foto vom Professor als Kind. In meinem Alter. Mit dem Hund, den er damals hatte. Einen Schnauzer namens Oskar.

Gut, dass ich das Foto gesehen habe. Sonst hätte ich ein paar Tage später nicht gewusst, wovon die Mutter vom Professor redet. Bei der war ich auch schon zu Besuch. Ganz schmal und zart ist sie. Ein Federgewicht! Einen Kopf kleiner als ich. Ich hätte sie ohne Mühe hochheben können. Natürlich hab ichs nicht getan. Aber umarmen hab ich mich von ihr lassen! Der Professor war nachher traurig, weil sie ihn nicht erkannt hat.

Der Professor greift ein

Ich sitze vor dem Supermarkt. Die Leine am Hundehaken. Und warte vor der offenen Tür. Der Professor kauft gerade ein.

Ich warte und warte. Mann, das dauert! Da sehe ich plötzlich Ritchie. Er steuert auf die Kassa zu. Die ist nur zwei Meter entfernt.

Ich belle kurz. Ritchie sieht mich auch gleich. Er will am Kassierer vorbei. Mit leerem Einkaufswagen. Der Kassierer hält ihn auf und nimmt ihn beiseite. Ich sehe, wie Ritchie rot wird. Und etwas aus der Tasche zieht. Es ist ein silbriges Schälchen.

„So etwas nennt man Ladendiebstahl!“, stellt ihn der Kassierer zur Rede.

Mit hängendem Kopf steht Ritchie da und bringt kein Wort heraus.

„Einen Augenblick!“, höre ich da die Stimme des Professors. „Das ist ein Irrtum.“ Er ist an der Kassa aufgetaucht. Mit vollem Einkaufswagen. „Der Junge und ich, wir gehören zusammen.“

Er nimmt dem Kassierer das Schälchen ab und legt es in seinen Wagen. „Das ist Futter für meinen Schnauzer.“ Er zeigt mit dem Finger auf mich. Der Kassierer kennt ihn. Er kennt auch mich.

„Entschuldigen Sie, Herr Professor, ich wusste nicht, dass Ihr Enkel ...“

„Das konnten Sie auch nicht wissen.“

Der Professor bezahlt und schlichtet alles in seinen Einkaufskorb, mein Schlemmerchen obenauf.

Dann übergibt er Ritchie den Korb, legt ihm die Hand auf die Schulter und die beiden kommen endlich raus. Der Professor löst meine Leine vom Haken und wir gehen zu dritt nach Hause. Keiner sagt ein Wort.

Vor der Wohnungstür stellt Ritchie den Korb ab. Ich glaube am liebsten würde er weglaufen.

„Stell bitte alles in die Küche, Ritchie! Ich muss noch mit dir reden.“

Ritchie windet sich. Hält den Blick gesenkt. Und scheint sich sehr zu schämen.

„Nun sag mir, Ritchie und – lüg mich nicht an: Waren die Sachen für Bodo immer gestohlen?“

„Nicht immer! – Aber ziemlich oft."

Der Professor lässt ihm Zeit. Plötzlich bricht es aus dem Jungen heraus: „Ich wollte Bodo nicht enttäuschen ... Es ist nur ... ich krieg fast kein Taschengeld, weil meine Noten so schlecht sind ... und weil ich manchmal die Schule schwänze." Dann zögert er einen Augenblick. „Das mit den reichen Eltern ... das stimmt auch nicht."

„Hab ich mir fast gedacht."

„Werden Sie es ihnen sagen?", fragt Ritchie und fügt hinzu: „Mein Pflegevater wird ziemlich wütend sein und dann –"

„Na, na, na!", beschwichtigt der Professor ab. „So schlimm wird es wohl nicht sein."

„Sie kennen ihn nicht", sagt Ritchie unglücklich. „Dem kommt schon öfters die Hand aus."

„Das ist auch keine Lösung!", sagt der Professor. Und nach einer kleinen Pause fügt er hinzu: „Versprich mir eins: Mach das bitte nie wieder! Bodo mag dich. Er liebt dich. Du bist sein Freund. Da braucht es nicht immer Geschenke."

Ritchie nickt. Ich rücke ganz nah an ihn heran.

„Wenn du dein Taschengeld aufbessern willst, dann könnte ich dir einen kleinen Job verschaffen. Ein paar Botengänge zum Beispiel."

„Und Sie sagen keinem, was heute war?"

„Nein, das bleibt unter uns. Aber keine krummen Touren mehr!"

„Versprochen!", sagt Ritchie erleichtert. „Wenn Sie mein Vater wären ..."

„Ich?", wehrt der Professor ab. „Da wärst du

sicher enttäuscht. Ich habe stets nur die Arbeit gekannt. Die Familie ist dabei viel zu kurz gekommen."

So schnell gibt Ritchie jedoch nicht auf. „Dann hätte ich Sie gerne als Opa!"

„Als Großvater?", sagt der Professor. „Ja, vielleicht würde ichs da besser machen."

Ritchie schaut ihm in die Augen, wägt ab, ob die Brücke schon stark genug ist zwischen ihm und dem Professor. Und dann wagt er ihn, den ersten Schritt: „Du hast es ja gerade bewiesen."

Da lächelt der Professor. „Vielleicht habe ich wirklich Talent ..."

He, Leute, ich bin auch noch da! Ich springe an Ritchie hoch.

„Darf ich ... trotzdem ... Bodo das Schälchen geben?", fragt der Junge verlegen.

„Natürlich! Es ist ja schließlich bezahlt!", schmunzelt der Professor.

So bekomme ich endlich mein Schlemmerchen. Diesmal ist es Wildpastete, vom Feinsten und ehrlich erworben.

Gewisse Dinge

Gewisse Dinge mag ich nicht sonderlich: alleine zu Hause bleiben, vor dem heulenden Staubsauger Reißaus nehmen müssen, ewig lang auf mein Fressen warten.

Gewisse Dinge sind mir jedoch regelrecht zuwider: die Pfoten abgewischt bekommen, mich ausgiebig bürsten lassen und shampooniert und geduscht werden.

Wenn ich alleine zu Hause bleiben muss, dann bin ich äußerst unruhig. Belege abwechselnd Sofa und Bett, auch die Betthälfte vom Professor. Die Schlafmulde auf seiner Daunendecke ist dann Ausdruck meiner Beschwerde. Ich hole mir auch gerne einen Schuh oder einen Lederpantoffel zum Knabbern. Leider hat der Professor dafür null Verständnis. Kapiert nicht, dass das Stress abbaut und die Zeit dabei schneller vergeht.

An Regentagen komme ich natürlich mit nassen Pfoten nach Hause. Der Professor will sie mir gleich nach der Rückkehr mit einem Tuch abwischen. Dabei würde doch das bisschen Nass ganz von selber trocknen! Ich fange schon zu knurren an, wenn ich das Tuch nur sehe. Schnappe auch jedes Mal danach und wills dem Professor entreißen. Wenn es mir gelingt, dann beutle ich es erst einmal kräftig durch und sause damit in der Wohnung herum. Das ist ein Spaß, ein Mordsspaß für mich! Der Professor sieht das allerdings anders. Er spielt den strengen Hundefänger und am Ende heißts doch noch: „Pfoten vorstrecken!“

Die Drahtbürste hat mir Lorenz geschenkt. Auf so ein Geschenk kann ich gern verzichten! Ein sanftes Bürsten so ab und zu ließe ich mir ja noch gefallen. Mit weichen Borsten, wohlgemerkt. Eine sanfte Fellmassage.

Doch mit diesem Drahtigel gebürstet zu werden,

finde ich brutal und grausam. Wer mir je damit zu Leibe gerückt ist, der hat es zu spüren bekommen. Ich habe nach seiner Hand geschnappt! Deshalb hats der Professor bald aufgegeben. Nur Lorenz konnte es nicht lassen. Er zog sich dicke Handschuhe an und bürstete mich unerbittlich. Sogar meine Barthaare. Das ist noch schlimmer als Fellbürsten. Da half kein Knurren und auch kein Schnappen! Eines Tages hat es mir gereicht. Die Handschuhe mussten weg! Ich hab sie zerrissen und zerbissen, in stundenlanger Kleinarbeit. Die Überreste hab ich unterm Sofa verschwinden lassen. Frau Swoboda hat sie entsorgt, mit dem Staubsauger, letzten Freitag. Ihre erste gute Tat!

Ohne Handschuhe bürstet mich Lorenz nicht. Also hab ich jetzt meine Ruhe!

Manchmal kommt es vor, dass sich ein Floh bei mir einquartiert. Und mich ärgert bis aufs Blut. Das macht mich völlig fertig. Wie ich mich auch verrenke, um den Floh zu zerbeißen, es gelingt mir nicht. Und wie die Bissstellen dieser Blutsauger jucken. Also kratze ich mich mit den Pfoten. Das Jucken vergeht zwar, aber nur für Minuten. Dann fängt wieder alles von vorne an.

„Da hilft nur eines", sagt der Professor dann, „duschen und shampoonieren."

Diese Ankündigung hasse ich mindestens genauso wie die Flöhe. Der Professor krempelt die Ärmel hoch und das Schreckliche nimmt seinen Lauf. Er steckt mich in die Badewanne, verteilt das stinkende Flohshampoo regelmäßig auf meinem Fell, massiert das Zeug in meine Haut ein und macht ein Stinktier aus mir. Dann kommt die Dusche. Mir vergeht fast Hören und Sehen. Endlich hebt er mich aus der Wanne und will mich trocken rubbeln. Doch da ich komme ihm zuvor und schüttle mich, dass die Tropfen nur so spritzen, und gebe ihm seinen Teil ab. Braucht er selber nicht mehr zu duschen! Während er sich umzieht und abtrocknet, flüchte ich aus dem Badezimmer und wälze mich trocken – das kann ich ja selber – auf Teppich, Sofa und Bett.

Das Schlamassel

Es läutet Sturm an der Wohnungstür. Alarmiert sause ich hinaus. Fange schon im Laufen zu bellen an. Verteidige mein Revier.

„He, Bodo!“ Ich höre Ritchies Stimme. Mein Gebell wird zum Freudengejaule.

„Einen Augenblick! Ich komme schon!“ Der Professor öffnet die Tür.

„Ich brauche deine Unterschrift! Bitte, Opa! Es ist ganz wichtig!“ Ritchie hält ihm drei Hefte unter die Nase.

„Komm herein!“ Der Professor nimmt die Hefte an sich.

Ich laufe und hole meinen Ball. Stupse Ritchie. Ein Spielchen gefällig?

Doch Ritchie hat keine Zeit für mich. Erwartungsvoll schaut er den Professor an.

„Warum soll ich das unterschreiben? Das ist doch Sache deiner Eltern."

„Meine Pflegemutter unterschreibt nicht mehr. Sie sagt, sie kann da nicht mehr mitmachen. Und mein Pflegevater –"

„Nun einmal langsam. Eins nach dem anderen. Wann brauchst du die Unterschrift?"

„Morgen früh. Äh – insgesamt brauch ich vier!"

Der Professor schlägt Ritchies Mitteilungsheft auf und liest halblaut: „Richard stört den Unterricht" und „Richard bringt die Hausaufgaben nicht" und „Bitte dringend um Unterschrift für die Schularbeiten!" Nachdem er auch die anderen Hefte gelesen hat, wiegt er nachdenklich den Kopf.

„Ich bin nicht so dumm, wie du vielleicht glaubst", verteidigt sich Ritchie sofort. „Ich kenn mich nur oft überhaupt nicht aus. Und wenn ich dann meinen Nachbarn frage, sagt der Lehrer sofort, ich störe. Frag ich den Lehrer, dann lachen mich die anderen aus. Diese Blödmänner aus meiner Klasse! Dabei kapieren sie ja auch nicht alles. Doch die gehen dann in Nachhilfe. Ich weiß einfach nicht mehr, was ich tun soll!"

„Nach deinen Heften zu schließen, sind deine Problemfächer Mathematik und Englisch. Da brauchst du Hilfe", sagt der Professor. „Ich werde mit deinen Pflegeeltern reden."

„Nein, bitte nicht!", sagt Ritchie gequält. „Das bringt doch überhaupt nichts."

„Das heißt, du willst keine Hilfe?"

„Beim Lernen schon. Da wär ich schon froh.

Aber bitte, sprich nicht mit meinen Pflegeeltern!"

„Ritchie, schau, ich will dir ja helfen. Aber ein erster Schritt ist, auch mit deinen Pflegeeltern zu sprechen. Man muss ihnen doch die Situation erklären. Und jemand, der von außen kommt, ist da sicher geeigneter als du oder einer deiner Lehrer", tröstet der Professor. „Vertrau mir!"

Ritchie führt uns zu sich nach Hause. Er tut es voll Widerwillen. Er wohnt nicht weit weg. In einem Neubau, gleich neben dem Bauernmarkt. Wir fahren mit dem Lift in den vierten Stock.

„Muss das wirklich sein?" Ritchie macht ein unglückliches Gesicht.

„Lass mich nur machen!", beruhigt ihn der Professor.

Er läutet. Dann warten wir alle drei. Schritte nähern sich. Eine blasse Frau öffnet die Tür.

„Ach, Ritchie ... wieso – "

„Tschuldigung, Schlüssel vergessen!", fällt er ihr ins Wort.

„Schon wieder? Sag mal, wo hast du eigentlich deinen Kopf?"

„Entschuldigen Sie!", mischt sich jetzt der Professor ein. „Entschuldigen Sie die Störung! Kann ich kurz mit Ihnen sprechen?"

„Oh, natürlich, gehts um Ritchie? Hat er wieder was angestellt?", fragt die Frau beunruhigt.

„Das ist der Herr Professor, Tante Ingrid. Ich hab dir doch schon erzählt ..."

„Sind Sie von der Schule?", fragt die Frau und

bittet uns ins Wohnzimmer. Dort montiert ihr Mann gerade ein Regal an die Wand.

„Herr Professor, wir wissen nicht mehr, was wir tun sollen", klagt die Frau und bittet ihn Platz zu nehmen. „Es gibt immer Ärger mit dem Kind. Nur schlechte Noten und dann erzählt er auch noch irgendwelche Geschichten."

Ritchie hat sich in die Ecke verdrückt und kaut an seinen Fingernägeln.

„Wir haben wirklich schon alles versucht", mischt sich jetzt Ritchies Pflegevater ein. „Mit Hausarrest. Ein paar gesunden Ohrfeigen. – Hat alles nichts genützt."

Ohne dass die Erwachsenen es merken schlüpft Ritchie ins Vorzimmer hinaus. Gleich darauf fällt die Wohnungstür ins Schloss.

„Der Junge braucht Nachhilfe", sagt der Professor. „Ich werde mich darum kümmern."

Tante Ingrid schaut ihn erschrocken an. „Wir können das nicht bezahlen. Mein Mann ist krank und arbeitet nur Teilzeit und was ich verdiene ..."

„Aber ich bitte Sie, ich will doch kein Geld. Ich möchte nur, dass Ritchie den Rückstand aufholt. Er ist ja nicht dumm. Er kann es schaffen. Wir werden gleich heute noch anfangen."

„Das würden Sie für ihn tun?" Tante Ingrid kann es nicht fassen.

Ihrem Mann ist die ganze Situation unangenehm; er widmet sich wieder seinem Regal.

„Ich regle auch die Sache mit der Schule", fügt der Professor noch hinzu. „Damit wir alle an einem

Strang ziehen. Ich hoffe, das ist Ihnen recht."

„Ich weiß nicht, wie ich Ihnen danken soll", sagt Tante Ingrid und bringt uns hinaus.

„Lassen Sie nur! Ich mache das gern. Ritchie hat mir auch schon geholfen."

Ritchie wartet an die Mauer gelehnt unten im Stiegenhaus auf uns.

„Jetzt weißt du ja Bescheid über mich. Nun magst du mich sicher nicht mehr", sagt er zum Professor. „Ist mir auch egal. Ich brauche sowieso niemanden."

Der Professor legt den Arm um ihn. „Komm mit, du einsamer Wolf! Es wartet ganz schön viel Arbeit auf uns, da werden wir uns vorher noch stärken müssen."

Nachhilfe

So beginnt die Zeit der Nachhilfe. Ritchie sträubt sich am Anfang gewaltig gegen regelmäßiges Üben und Vokabellernen. Manchmal wird er richtig böse, muckt auf und schimpft wie ein Rohrspatz.

„Du kommst nur aus dem Schlamassel heraus, wenn du es auch selber willst", erklärt ihm der Professor. „Sonst ist es zwecklos."

Manchmal werden ihm die endlosen Diskussionen mit Ritchie zu viel. Da übernimmt dann einfach Albert, der auch Hermanns Sohn Nachhilfe gibt. Auch Fräulein Prinz springt manchmal ein. Und langsam holt Ritchie auf.

Vor kurzem hat er sogar begonnen im Geschäft mit anzupacken. Seit ihm der Professor die Brücke gebaut hat, zu Hermann und Fräulein Prinz, verdient er sich gern etwas dazu und bessert so sein Taschengeld auf. Ob beim Lagersortieren oder Bücherauspacken, Ritchie ist für alles zu haben und macht seine Sache gut.

„Arbeit für mich?“, fragt er als Erstes, wenn er den Laden betritt. Hat Fräulein Prinz was für ihn zu tun, sagt er: „Schon erledigt, Prinzessin!“

Mit vereinten Kräften

Die Nachhilfestunden waren die Hölle, besonders am Anfang.

Der Professor hat alles ziemlich umständlich erklärt. Und ich hab meistens nur Bahnhof verstanden. Klar, dass wir oft zusammengekracht sind! Was kann ich dafür, dass ich länger brauche, bis ich etwas kapiere? Ich glaub, der Professor wollte das nicht wahrhaben. Ging einfach nicht in seinen Kopf rein. Wäre Bodo nicht gewesen, ich hätte vielleicht den ganzen Krempel hingeschmissen und wäre abgezwitschert. Auf Nimmerwiedersehen!

Irgendwann hat auch der Professor eingesehen, dass es so nicht weitergehen kann. Und gab die Nachhilfe an Albert ab. Eine bessere Idee hätte er nicht haben können. Hat sie schlau eingefädelt, die Prinzessin. Denn ich bin sicher, dass sie da etwas nachgeholfen hat.

Mit Alberts Hilfe gings schlagartig aufwärts. Albert kann super erklären und wird nie ungeduldig. Wenn er keine Zeit hat, springt die Prinzessin ein. Albert meint, ich könne das Schuljahr schaffen, wenn ich mich richtig hineinknie. Und das werde ich tun.

Lieber als lernen ist mir aber, wenns in der Buchhandlung was zu tun gibt für mich. Pakete auspacken oder zur Post bringen, Bücher schlichten, kopieren. Was eben so anfällt. Dabei springt auch immer etwas raus für mich. Cash auf die Kralle.

Seit der Professor bei uns zu Hause war, hat es kein Donnerwetter mehr gegeben. Meine Pflegeeltern haben mitgekriegt, dass ich mich dahinter klemme und dass ich nicht mehr die Schule schwänze. Immerhin, ein Fortschritt! Außerdem kann Onkel Herwig seine Stelle sicher behalten, weil seine Firma noch einmal eine Geldspritze von einer Bank bekommen hat. Seither ist er wie ausgewechselt. Es scheint ihm auch gesundheitlich wieder besser zu gehen. Was sich wie eine Streicheleinheit auf die Stimmung zu Hause auswirkt.

Simone hat mir kürzlich von einem Feriencamp am Attersee erzählt. Sie war schon einmal dort und will in den Sommerferien wieder hin. Ganz begeistert ist sie davon. Warum ich nicht auch hinfahre, wollte sie wissen. Warum wohl, mein Mädchen? So ein Camp kostet! Und woher nehmen, wenn nicht stehlen? „Ich werde es mir überlegen“, hab ich ausweichend gesagt. Aber seit sie mir diesen Floh ins Ohr gesetzt hat, muss ich ständig daran denken. Da mitzufahren wäre natürlich der Hammer! Klar, dass mich das reizen würde.

Irgendwann hab ich auch Albert davon erzählt. Einfach so. Weil wir ja auch über andere Dinge reden, nicht nur über den Lernstoff. Er scheint es der Prinzessin weitergesagt zu haben, weil die bald darauf wissen wollte, ob ich schon einmal auf einem Sommercamp war. Darauf ich: „Schau ich so aus, als ob ich mir diesen Luxus leisten könnte?“

Sie ließ nicht locker. „Würdest du gern hinfahren?“

Vergiss es, Prinzessin!

„Brauch ich nicht, so was!“ Sie soll ja nicht glauben, ich ginge auf Betteltour.

Dann musste der Professor von einem Tag auf den anderen ins Krankenhaus. Kreislaufkollaps. Ich habs erst erfahren, nachdem er schon abgeholt worden war. Mein erster Gedanke war natürlich: Was ist mit Bodo? Hat ihn Lorenz wieder ins Tierheim gebracht? Albert hat mir dann gesagt, dass eine Nachbarfamilie im Haus Bodo aufgenommen hat. Da fiel mir dann wirklich ein Stein vom Herzen. Bin noch am gleichen Tag zu den Leuten und hab ihnen angeboten, am Nachmittag für Bodos Auslauf zu sorgen. Die Nachbarin hat mich für den Enkel des Professors gehalten; ich hab sie in dem Glauben gelassen.

An einem Nachmittag wollte ich Bodo in einer

Reisetasche ins Spital schmuggeln. Warum sollte er sein Herrchen nicht besuchen können? Das würde doch sicherlich den Heilungsprozess unterstützen. In den USA gibts schon in vielen Spitälern Therapiehunde.

Allerdings lief ich vor dem Krankenhaus der Prinzessin in die Arme. Sie kam gerade vom Professor und hat mir den Hundeschmuggel ausgeredet. Außerdem wurde der Professor ohnehin am nächsten Tag entlassen.

Bodo hatte mittlerweile auch genug von dem engen Gefängnis. Er jaulte, was das Zeug hielt und ich hab ihn gern aus der Reisetasche befreit.

Die Prinzessin hatte noch eine Stunde Zeit und lud mich auf ein Eis ein. Dass etwas später Albert, Simone und Niki mit Sowidu im Eissalon aufkreuzten, war ein Zufall. Oder höhere Gewalt.

Niki war schwer beeindruckt, dass ich Bodo ins Spital hatte schmuggeln wollen. Ich musste ihm vorführen, wie sich der Hund in der Reisetasche verstecken lässt. Und ich musste schwören – „swör mir, Ritchie!“ – dass ich ihn auf jeden Fall mit Bodo besuchen würde, falls er einmal einen „Kreislaufklaps“ bekommen sollte.

Wahnsinn ...

Das Feriencamp ist gesichert! Ich fasse es nicht! Der Professor will es finanzieren. Als Gegenleistung dafür, dass ich mich in seiner Abwesenheit täglich um Bodo gekümmert habe. Die Nachbarin habe ein richtiges Loblied auf mich gesungen, sagt er.

Auf mich? War doch klar, dass ich Bodo nicht im Stich lasse.

„Lass nur gut sein!“ Der Professor winkt ab. „Ich bin wirklich stolz auf dich und froh, dass es dich gibt. Und wenn ich schon so unverhofft noch einen Enkel bekommen hab, dann werd ich ihm doch wohl ein Sommercamp spendieren dürfen.“

Auch mein Vater hat sich darüber gefreut. Er meint, den Urlaub am Meer können wir nächstes Jahr nachholen. Während ich im Feriencamp bin, will er die Wohnung herrichten. Vor allem mein Zimmer. Ich lass mich überraschen.

Eigentlich bin ich froh, dass alles so gekommen ist. Im Tierheim hab ich Amigo kennen gelernt. Amigo hat mich zu Bodo und schließlich zu Simone gebracht. Simone hat mir wiederum ihre Brüder Albert und Niki vorgestellt. Und über Albert kam ich wieder zu Bodo. Und über Bodo zum Professor. Und der ist für mich wirklich wie ein Opa geworden. Er hat sich für mich eingesetzt, als mir das Wasser bis zum Hals gestanden ist und ich wirklich nicht mehr gewusst hab, wie es weitergehen soll. Er hat mir eine zweite Chance gegeben, als keiner mehr so recht an mich geglaubt hat. Ich bin sicher, er lässt mich auch in Zukunft nicht hängen. Ganz gleich, was passiert.

Ich ihn aber auch nicht! Und wenn sein Sohn,

dieser Lorenz, ihm wieder ein Seniorenheim einreden und Bodo ins Tierheim bringen will, dann braucht der Professor gar nicht nervös zu werden. Denn jetzt hat er mich! Wir werden das schon schaffen – mit vereinten Kräften!

Manchmal, wenn ich so dasitze und Löcher in die Luft starre, kommt Bodo und legt mir den Kopf aufs Knie. Und da muss ich immer an den Tag denken, als ich zum ersten Mal mit ihm unten am Fluss war. Da war ich so wütend, weil sich alle gegen mich verschworen hatten, ich nicht mehr zurechtkam und mich so allein und verlassen fühlte. Damals hat Bodo auch den Kopf auf mein Knie gelegt und mich treuherzig angesehen. So als würde er genau wissen wie es mir geht. Und ich hab plötzlich gespürt, da ist einer, der versteht mich. Auch ohne Worte.

Seit damals sind wir Freunde. Seit damals ist er mein Freund mit Schnauze. Und wird es bleiben. Ein Leben lang.

Auf den Hund gekommen ...

Ahnengalerie
Der *Urvater* der Hunde – der so genannte *Miacis* – lebte angeblich vor ca. 40 Millionen Jahren; aus ihm entwickelten sich zunächst zwei Arten: der schwere, knochige Bärenhund, der nach weiteren Millionen Jahren tatsächlich zum Bären wurde und der schlanke, geschmeidige eigentliche Vorläufer des Hundes. Auf Letzteren lassen sich wiederum drei verschiedene Nachkommen zurückverfolgen, aus denen schließlich der *Afrikanische Wildhund, Schakal* und *Hyäne* sowie *Wolf, Fuchs* und der *Hund* hervorgegangen sind.

Afrik. Wildhund

Schakal

Fuchs

Wolf

Mensch und Hund
Die Wissenschaft geht heute davon aus, dass der Hund den Menschen schon vor dessen Sesshaftigkeit begleitet hat. Bereits in prähistorischer Zeit gab es wolfartige Tiere, die den durch das Land streifenden Menschen folgten und sich u.a. von deren Jagdabfällen ernährten. Es ist anzunehmen, dass der Mensch sie nicht nur zur Fleisch- und Pelzgewinnung gejagt hat, sondern auch deshalb, weil sie außerdem ihre Jagdkonkurrenten waren. (Mensch und Wolf stehen an der Nahrungskette ganz oben; kein Wunder, dass sie sich immer wieder in die Quere kamen!)

Wenn du mehr zum Thema Mensch und Wolf lesen willst, empfiehlt dir der Lilla Gorilla den Band 18, Lene Mayer Skumanz: Kowan und der Wolf

Als die Menschen schließlich sesshaft wurden, wurde die Zweckgemeinschaft zwischen Mensch und Wolf/Hund gefestigt. Die Tiere hatten durch ihre Geschicklichkeit und Gelehrigkeit die Menschen von ihrer Nützlichkeit überzeugt.

Es gibt allerdings auch die Theorie, dass nicht der Mensch den Wolf, sondern der Wolf den Menschen domestiziert, das heißt gezähmt, hat. Denn als die Vorfahren der Menschen die Bäume verlassen und ihre Lebensweise auf den Boden umstellen mussten, brauchten sie gleichsam Überlebensmodelle. Das Sozialleben der Wölfe könnte so ein Muster gewesen sein, nach dem sie ihr Leben strukturierten; durch das Feuer und einfache Werkzeuge war der Mensch dem Tier immer noch überlegen. Bald bildeten sich Lebensgemeinschaften zwischen Mensch und Wolf. Durch die Nachahmung der effizienten Organisation eines Wolfsrudels konnten die Menschen später selber zu erfolgreichen Jägern werden.

Wie gut verstehst du einen Hund?

1
- *a Toll, dass du wieder da bist!*
- *b Lass uns zusammen tanzen!*
- *c Ich habe dich vermisst!*

2
- *a Ich verbeuge mich vor dir!*
- *b Ich freue mich!*
- *c Spiel mit mir!*

3
- *a Komm mir nicht zu nahe!*
- *b Du kannst mich streicheln!*
- *c Gehen wir spazieren?*

Lösung: 1a, 2c, 3a

Illustration: Milada Krautmann

Funde

Die ältesten Knochen eines spitzähnlichen Tieres – sie sind ca. 10.000 geschätzte Jahre alt – hat man in den Resten einer mittelsteinzeitlichen Siedlung an der Ostsee gefunden; die älteste von Menschen geschaffene Darstellung eines Hundes wurde in Anatolien entdeckt und stammt aus dem 7. oder 8. Jahrtausend vor Christus. Sie zeigt einen Hund, der einen mit Pfeil und Bogen bewaffneten Menschen bei der Hirschjagd unterstützt.

Hund und Mensch

Bis heute sind Hunde nicht nur treue und anhängliche Freunde des Menschen, sondern können – speziell gezüchtet und trainiert – auch zu gefährlichen Gegnern werden. Praktisch nicht mehr wegzudenken sind sie als sensible Helfer für kranke oder behinderte Menschen. Sie führen Blinde, ersetzen Gehörlosen das Gehör und helfen Gehbehinderten bei alltäglichen Aufgaben. Neu hinzugekommen ist ihr Einsatz als so genannte „Seizure Response Dogs" (Anfalls-Hilfs-Hunde), die z.B. Epileptikern beistehen. Sie lernen, ihren Besitzer während eines Anfalls quasi „erstzuversorgen", indem sie ihn z.B. vom Rücken auf die Seite rollen, mit speziellen Handys, die auf Knopfdruck funktionieren, Hilfe verständigen, oder ihre Schnauze unter seinen Nacken schieben, um ihn abzustützen und so zu verhindern, dass er erstickt. Besonders geeignet für diese schwierige Aufgabe sind Hunderassen, die eine enge Bindung an den Menschen entwickeln und mit großem Spürsinn ihre Nase einsetzen, wie z.B. *Labrador, Golden Retriever* oder *Deutscher Schäferhund.*

Hunde haben an den Vorderpfoten fünf Zehen. An den Hinterpfoten haben sie nur vier Zehen. Die Krallen sind nicht rückziebar und darum in den Spuren der Hunde deutlich sichtbar.

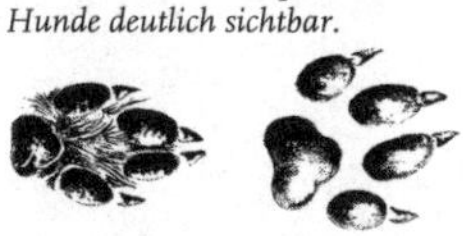

Fuchs *Hund*

Kleines Kuriosum: Dogdancing

Dieser eigenwillige Spaß für Frau/Herr und Hund kommt – wie könnte es anders sein – aus den USA. Der Mensch wählt ein Musikstück und studiert mit seinem vierbeinigen Partner eine spezielle Choreografie ein. Immer mehr Dogdancing-Aktive verstehen ihr ungewöhnliches Hobby als ernst zu nehmende Sportart; mittlerweile gibts auch tatsächlich streng reglementierte Dogdancing-Turniere mit festen Altersklassen, Zeitlimits, Pflichtprogramm und Kür. Bellende oder zu lange tanzende Hunde werden mit Punkteabzug bestraft.

Mehr von Gerda Anger-Schmidt

Gerda Anger-Schmidt
Silberlächeln
Ein Zahnspangen-Tagebuch
Mit Zeichnungen von Peter Walkerstorfer
Wien: Dachs Verlag 1996

Für den 10-jährigen Jakob ist der Tag, an dem er eine Zahnspange verpasst bekommt, ein schwarzer Tag. Dieses abscheuliche Metall im Mund macht ihn nicht gerade froh. Und auch sonst läuft einiges nicht so, wie Jakob sich das wünschen würde. Kein Wunder, dass er sich da völlig von Gott und der Welt verlassen fühlt. Aber zum Glück ziehen bald wieder bessere Zeiten ins Land und am tröstlichsten ist für Jakob wohl die Erkenntnis, dass er nicht der einzige arme Mensch ist, der eine Zahnspange tragen muss.

Gerda Anger-Schmidt
Sattelt die Hühner, wir reiten nach Texas
Illustrationen von Birgitta Heiskel
Lilla Gorilla BuchKlubBuch Band 13

Amüsante, aber auch nachdenkliche Einblicke in Alltag und Freundeskreis gibt der 12-jährige Simon Katzenbeißer: Dass Familie und Schule bisweilen nerven, dass alte Freunde manchmal verloren gehen, dafür aber neue Freundschaften entstehen oder dass es Sinn macht, sich für eine gute Sache zu engagieren. Und schon ist ein halbes Jahr vergangen und im Feriencamp warten neue Aufregungen.

Literaturtipps zum Thema

Susan Hart Lindquist
Hund sucht Familienanschluss
Wien: Ueberreuter 2001

Christine Nöstlinger
Der Hund kommt
Illustrationen von Jutta Bauer
Weinheim: Beltz und Gelberg 2001

Amanda O'Neill
Hunde
Nürnberg: Tessloff 2002

Jutta Richter
Der Hund mit dem gelben Herzen.
Oder die Geschichte vom Gegenteil
München: Deutscher Taschenbuch Verlag 2000

BOB empfiehlt

Eoin Colfer
Benny und Omar
Weinheim: Beltz und Gelberg 2001

Kate Dicamillo
Winn-Dixie
Hamburg: Dressler 2001

Sherryl Jordan
Tanith die Wolfsfrau
Aarau/Frankfurt am Main: Sauerländer 2002

Besonders empfohlen: **die Lilla Gorillas!**
Österreichs stärkste Jugend-Paperbacks.
Mit Gorilla-Website: **www.buchklub.at**

Band 1

Stumme Zeugen. Und andere geheimnisvolle Geschichten

Band 2

Carolyn Sloan
Ein Elefant für Muthu

Band 3

Steinar Sörlle
Die Nacht, als keiner schlief

Band 4

Gertie Wagerer (Hg.)
Kakerlaken und andere Katastrophen

Band 5

Walter Thorwartl
Die Nacht der Hulla

Band 7

Edith Schreiber-Wicke
Das Rätsel um Robin

Band 8

Franz Sales Sklenitzka
Ein Knopfdruck mit fatalen Folgen

Band 9

Engelbert Gressl
Held mit Hirn

Band 10

Walter Thorwartl
Keltenschatz und Geisterjäger

Band 11

Edith Thabet
Wüstenspuk und Nebelzauber

Band 12

Sylvia Treudl
Katze, Kobold, Kommissarin

Band 13

Gerda Anger-Schmidt
Sattelt die Hühner, wir reiten nach Texas

Band 14

Christoph Mauz
Die Abenteuer des Raumschiffes Enzian

Band 15

Renate Welsh
Ende gut, gar nichts gut?

Band 16

Engelbert Gressl
Zweistein Zwei

Band 17

Walter Thorwartl
Gefährliche Freundschaften

Band 18

Lene Mayer-Skumanz
Kowan und der Wolf

Band 19

Markus J. Altenfels
Softwarekiller

Band 20

Gerda Anger-Schmidt
Freund mit Schnauze

Band 21

Käthe Recheis
Die Hunde Wakondas

Die Lilla Gorillas kommen wie bestellt!

telefonisch:

01/505 17 54
DW 43 und 44

per Fax:

01/505 17 54 DW 50

im Internet:

www.buchklub.at

oder per E-Mail:

bestellung@buchklub.at

Jeder Band mit 128 Seiten und zum Preis von € 5,-

Ich glaub, mich liest der Affe!

Themenvielfalt. **Gorillastark.** *Themenauswahl.* **Gorillaleicht.**
Das spricht Bände!

Lilla Gorilla Bücher sind nicht aus, wenn sie zu Ende sind. Jetzt gehts erst richtig los mit der L I L L A G O R I L L A R Ä T S E L R A L L Y E !

Die Lilla Gorilla Rätselrallye-Fragen:

1 Nahrung für Hunde

		N								

2 Ritschies richtiger Vorname

				A		

3 Laut geben in der Hundesprache

			L		

4 Leckerbissen der besonderen Art

G											

5 Bezeichnung für Tierkäfig

	W					

6 Geschäft, das Bücher verkauft

			H								

7 Bodos Rasse

								R

8 Anderes Wort für „riechen“

					P				

9 Das mögen Hunde zum Fressen gern

		O				

10 Buchhandlung, die alte und gebrauchte Bücher kauft und verkauft

				Q						

11 Name der Spitzin, in die Bodo verliebt ist

	I		

12 „Hundehand“

		O		

Das gesuchte Wort bezeichnet das, was Bodo und Ritchie miteinander verbindet.

Tipp: Sicherheitshalber ist immer ein Buchstabe vorgegeben. Das graue Kästchen enthält den gesuchten Buchstaben.

LILLA GORILLA RÄTSELRALLYE

DIE PREISE:
Tolle Sportgeräte und jede Menge Bücher.

> Die Fragen zur Story beantworten, das Lösungswort an uns schicken, faxen oder mailen und mit etwas Glück einen der echt starken Preise gewinnen.

>> Österreichischer Buchklub der Jugend
Kennwort „Rätselrallye“
Mayerhofgasse 6, 1041 Wien

>>> Fax 01/505 17 54-50
E-Mail: info@buchklub.at

>>>> Einsendeschluss: 31. Mai

Mein LILLA GORILLA RÄTSELRALLYE-LÖSUNGSWORT zum Lilla Gorilla Buch von GERDA ANGER-SCHMIDT „FREUND MIT SCHNAUZE“:

1	2	3	4	5	6	7	8	9	10	11	12

Name, Vorname: ....

Straße, Hausnummer: ....

PLZ/Ort: ....